オンラインチルドレン

――ネット社会の若者たち――

NPO法人教育研究所所長
牟田武生

目次

はじめに

パソコンを持つ世帯が八〇%を超え、各家庭がインターネットで結ばれる時代に入り、情報革命が到来してきている。

それにより、情報の共有化・高速化・広域性・翻訳力など、様々な利便性が私達の暮らしにもたらされ始めた。パソコンやその周辺ソフトはインターネットと結びつき、今後も私たちの生活や社会の質を〝便利に〟〝格安に〟〝すばやく早く〟〝誰でもが〟利用できるという点で、経済活動も、生活も、大きく変えていく可能性がある。しかし、インターネットは多くの利便性があると同時に、使う側の倫理観や心がまえによって、様々な影の部分も同時に持ち始めている。

本格的なインターネット社会が始まる前に、そのような影の部分について、その一部を本著であきらかにしていきたいと思う。その作業は同時にインターネットを否定できない社会に来ている以上、どうインターネットと付き合っていけば良いのかも考えていくことにもなった。

パソコンやインターネットはツール（道具）に過ぎないが、今までのツールは現実社会の世界で活躍していた。しかし、インターネットは匿名社会からくる〝仮想現実〟を同時に共有する心理的な世界を持っている。これは人類史上かつてない出来事に遭遇していると言っても過言でない。

現実社会の人間関係や様々な経験を持つ大人にとっては、何が現実か仮想かの区別がつきやすい。しかし、社会経験が少なく、人間関係の未熟な子どもや若者にとって、何が現実で、何が仮想なのか、また、何が真で、何が偽なのか、区別は極めてつきにいく。

国境も、政治体制も、民族も、宗教も、人種も、思想も、全て飛び越えてしまうインターネットの世界は正に現代の魔法の空飛ぶじゅうたんなのかもしれない。その魔法は経済活動や家庭生活だけにとどまらず、韓国にある世界最大のWEB新聞は、大統領選にまで重要な影響を与えている。世界の平和や環境問題に人々の関心をひきつけ、貢献するかもしれないが戦争を誘発させるツールにも充分にもなりうる。インターネットという魔法は、人類にとって、妙薬にも毒にもなりうる可能性がある。

パソコンやインターネットはツールに過ぎない。正しく利用するか否かは地球市民の意識にかかっている。この優れたツールが、人類にとって、平和で差別がない社会に貢献できるようになることを心から願っている。

第一章　インターネットと子どもや若者の心理

1　ネットゲーム（オンラインゲーム）の魅力、人類歴史上最高のゲーム

最近、小学生から二〇代半ばまでの子を持つ親からの相談で、子どもがインターネットを使った双方向性のゲーム（ネットゲームともオンラインゲームとも言われる）にはまりこんで、学校や仕事に行かないという内容の相談が増えてきている。

パソコンが高性能でしかも低価格で普及し、大量の情報を瞬時に定額の料金で送れるブロードバンド環境が整備されてきたことにより、日本でもインターネットの普及が急速に進んできている。

情報通信機器としてのパソコンやインターネットは多くの利便性を持っているが、ネット依存、出会い系サイトを使った援助交際、練炭によるネット集団心中、ネット不倫、サイバーセックス等、今まではなかった問題が起き、新たな社会現象として影の部分も現れてきた。これらの影響をまともに受け易いのが、新しいコンテンツをいち早く生活の中に取り入れることができる価値観の柔軟な子どもや若者ではないだろうか。

その中でも最もはまりこみやすいのがネットゲームである。ネットゲームの魅力はチャットで仲間を作れることにあり、モンスターを倒す冒険に出かけたり、仲間でパーティを開い

て楽しんだりすることもできる。最近ではゲームの中でアルバイトをして現実社会のお金を稼げることができるものまである。

子どもの遊びと大人達は考えがちだが、全世界で数万人もが参加するMMORPG(Massively Multiplayer Online Role Playing Game)という巨大なゲームもある。そこには人間が操るキャラが生活し、家族がいて、家があり、様々なお店ができ町を作っている。町は大小いくつもあり、国もあるという仮想現実がインターネットの中で拡がっている。そして、テレビゲームと違い、ゲーム上でクリアがないエンドレスゲームになっているから、いつまでも楽しむことができる。

ネットゲームは従来のテレビゲームの楽しさとゲーマー同士でチャットする楽しさが子どもや若者をひきつけ、虜にする原因になっている。

ネットゲーム依存になる理由

・テレビゲームとチャットの両方の面白さを兼ね備えている。

・テレビゲームに比べ、パソコンや常時接続の契約などの環境がそろっていると、特別な初期投資はなく、月々の費用も子どもの小遣い程度ですむ。そして、何時間やっても定額料金のシステムのものや、最近は開発中のお試しゲームではなくても、魔法や道具を買わなければ無料でゲームを楽しめるシステムのものもある。

・管理配給会社がメンテナンスをしていない時以外は、好きな時に好きなだけ、二四時間ゲームを楽しむことができる。

・ゲーム内は同趣味の人の集まりなので、すぐにチャットを使って友達になれる。現実社会で会話する時に何を話したらいいのか、話題探しや相手に嫌われるのではないかと、人一倍気を使う人でも、みんなゲームの話をするので話題には事欠かないし、匿名なので気軽にできる。

・大規模ゲームではパーティを組んでモンスターを倒したり城攻めや聖戦をするためにメンバーを募っているから、すぐに仲間になる。ゲームは楽しいが仲間との約束や責任上、自分勝手に抜け出せないことも多くある。

・ゲーム管理会社から新しい企画が次々に提供されるエンドレスゲームなので、ゲームをクリアするといった最終目的はない。そのため、最高レベル（最高の地位）をめざすことを目標にするゲーマーが必然的に多くなる。そのためには現実生活を犠牲にして、多くの時間をネットゲームに使うようになり、依存が高くなる原因になっていく。

・ゲームによっては、モンスターを倒したり、冒険や戦いをしないで、チャットで仲間をつくって市民生活を楽しみ、気に入った相手がいればプラトニックな結婚生活を楽しむこともできる。

・ゲーム管理会社より、参加者が楽しめる新しい企画が次々に登場し、あきることがないように工夫されている。よほど自制心が強くないと自然に長時間してしまう心理状態になる。ゲーム配信会社はゲームをする人達の心理を考え、ゲーム参加者をあきさせず参加者が増えるような様々な営業努力をしている。

実際にはどのような状態なのか、事例を通して考えてみることにしよう。

事例　泰男（高一・十七歳）の独白

泰男は高校一年生の夏休みにパソコンでネット検索し、ゲームサイトからダウンロードしてネットゲームを始めた。小学生の時からテレビゲームはやっていたが、高校受験のためにやめてしばらく遠ざかっていた。

最初は夏休み中の暇つぶしと思ってやり始めたが、ゲーム内のチャットを通して、仲間がみるみる増えていった。初心者だった泰男が、ゲームのことでわからないことを知らないキャラに尋ねると、誰でもが親切に教えてくれる優しさに居心地の良さを覚えた。みんな優しくて親切だ。

仲間とチャットで約束し、様々な冒険をした。戦いでは何回も命を助けてもらった。おかげで少しはアイテムも増え、ゲーム上のマネーも貯まった。ゲーム仲間には感謝することばかりだった。仲間には戦士、魔術師、商人、聖職者といったそれぞれの役割があり、チームを組んで冒険したり戦ったりする。ゲームでの戦いの時間が増えれば増えるほど、仲間同士の連帯感は深まっていく。そして、絶対に勝てそうもない敵をチームワークで倒すと、さらに連帯感は深まり、ゲーム内での地位としてのレベルを上げていくことが可能になる。短期間にレベルを上げると、他のゲーム仲間から賞賛を受ける。

夢中でネットゲームをやっていると、あっと言う間に時間が過ぎていき、現実の生活なんてどうでも良くなる。パソコンをオフにして眠りにつく時も、ゲームの戦略を考える。そして、起きたらすぐにインターネットを立ち上げて、何か変わったことがないか、仲間に会い情報を集める。中には一晩中ゲームをやる仲間もいる。現実生活とは違ったもう一つの世界がインターネットの中にはある。仮想現実と人はいうけれど、一日中やっているとどちらの世界が仮想なのか現実なのかわからなくなる。

夏休みが終わり、学校が始まったためか、ネットゲームの世界でも夕方から深夜にかけてプレイする人が多くなった。だが、なぜか日中にやっている人もいる。夜働いている人、定時制や通信制の高校に行っている人、他国の人、休みの人、それぞれのようだ。しかし、短期間でレベルを上げた人はそのような人が多い。多くの人がプレイしていると、町に出ると混雑のために自由に歩くこともできないくらい人で溢れている。だから、早朝や昼間が狙い目の時間帯だ。同じ時間をかけるのなら、空いている時間のほうが効率が良い。

だが仲間と一緒ではないと強いモンスターは倒せない。昼間プレイしている人のギルド（仲間）に入り、一緒に戦えばレベルを上げることは容易なのだが学校がある。そう考えると、学校というのは限りなくめんどうになっていった。

文部科学省が一年に二度おこなう高校卒業程度認定試験ならば、体育や家庭科、美術、書道等をやらなくてすむし、試験に受かりさえすればそれでおしまいだ。何と言っても、毎日、学校に行かなくてすむのが最大の魅力だ。ネットゲームをやって疲れたら高卒認定の勉強をする。解答はマークシートだし、本屋で立ち読みした過去問題を見てもそんなに難しくなさそうだった。

高校生活が楽しければ良いが、クラスもまとまりがなく、みんなこれといって何の目標も持たず、ただ他に何にもやることがないから仕方がなく行っている感じだった。授業中もクラスの半分以上の人は寝ている。寝ていなくても、ぼーっとしている。先生の話なんて真剣に聞いている人はほとんどいない。

それでも、授業は勝手に進んで時間が来れば終わる。古代のローマ史なんて自分の生活と何の関係もない。そんなことを知っていても、バイトの時給が上がる訳ではない。大学入試の受験科目にあるか、推薦入試の内申稼ぎの奴以外には関係ない。これは何も世界史だけでなく、日本史、古典、音楽などの芸術科目、物理、数学みんな同じような気がする。先生がそれぞれの科目と現実の生活の結びつきを具体的に説明してくれないと、ただ、現実生活とかけ離れた世界の話で終わっているような気持ちになる。

部活にしても、国体、全国大会などを目指しているので、素人が始めても何にもならない。卒業資格のためだけにダラダラと三年間を無駄に過ごす。何のための高校生活なのか分からない。空虚で無意味な高校生活だ。

「大学に行っても派遣か契約社員がせいぜいの世の中、会社が不要と思えばいつでもクビになる。その点、人に気を使わずに自由に暮らすならフリーターでいい。若いうちなら給与は変わらない」と、バイトに励むクラスメートは言う。それでもバイトに励む気力のある奴はいい。俺の場合そんな気力もない。バイトする奴はみんな目的がある。バンドの費用がかかるとか、遊びに行くとか、十八になったら好きな大型バイクを買うとか、それぞれ目的がある。しかし、俺には何にも目標も目的もない。他人に気を使うなんてことはしたくないから友達もできない。無気力だとか無意欲だとか先生や親に言われるが、そんなものは努力して得られるものなのか疑問が残る。本当は自然に面白いと感じて、やる気が出るものではないのだろうか。それでないと長続きしないと思う。

高校生の半分は俺みたいな奴だ。そんな生活を送っていた俺に、張り合いを与えてくれたのがネットゲームだった。こんな楽しいものはない。自分の部屋のパソコンで好きな時に好きなだけ遊べる。服装、髪型、話し言葉や内容、いっさい気を使わずに友達ができる。

ゲームで稼いだアイテムをゲーム管理会社に売り、ゲーム会社がアイテムを欲しい人に売ることによって、現実のお金がゲーマーに入ってくる。ネットゲームなら食っていける自信がある。食えれば親にうるさく言われなくてすむ。

二学期が始まり、最初のうちは学校に行っていた。帰宅後、夕方からネットゲームを始め、午前二時三時までやって、少し寝てから学校に行き授業中ウトウトしていた。そのうち、朝、目が覚めなくなった。学校に行かなかったら、親がパソコンを取り上げた。俺は今まで親に殴りかかった事など一度もなかったが、その時は何故あんなに頭にきたのかわからなかったけれど、キレてしまった。それ以来、親との関係が悪くなって、口もきかなくなってしまった。

そのまま休んでネットゲームをやっていたら、「これ以上休むと欠課時数オーバーになり、進級できなくなる」と学校から連絡が来た。学校に行く意味がわからなかったので休んでいたら、進級できなくなってしまった。

ネットゲームを一日一〇時間以上、半年もやり続けると、さすがに最高レベルに到達して、今までの生活の中で最も高い達成感を得ることができた。しかし、最高レベルになると、ゲームの中で頼りにされるので、抜け出ることが難しくなっていった。その感覚は「こんな自分でも頼りにされている」という心地良さだった。ゲームをやらない奴は「ネット廃人」というが、俺にとってはそんなことはどうでも良かった。

2 ひきつけられる心理（仮想現実と現実社会の狭間で）

物質的な豊かさを追求した社会はやがて成熟化社会に入る。成熟化社会は国内外から良質な食糧の提供を受け、ブランド製品の衣服を身にまとい、空調が快適に行き届いた家に住むことが可能になる。また、家電製品の発達によって家事労働は軽減され、交通網の整備や高速で快適な乗り物による移動時間の短縮などによって、個人の余暇時間が大幅に増える。

同時にプライバシーが守られる社会でもあるため、個人意識が高まり、機密性の高い社会にもなる。その結果、人々は濃密な人間関係より、さっぱりとした人間関係を望み、人と人の関係は次第に希薄になっていき、自分のことを最優先に考える私事化社会が到来する。

その影響は子育てにおいても現れ、若い夫婦では自分達の生活を楽しむことが優先され、子どもを産まない少子化傾向は進む。しかし、本来、人の欲求の中には人と結びつきたいという〝結合〟と、ひとりでいたいという〝分離〟がある。分離の心は気楽で快適な生活だけれども、何か物足りない、なんとなく寂しい、虚しい感覚を生む。

同じように成熟化社会に入った欧米諸国には、地域文化活動としてのスポーツクラブや演劇や音楽等の文化活動、ボランティア活動、宗教活動など、学校や職場以外にも目的に応じた人と人の触れ合う共通の場がある。

本当の意味の成熟化社会とは物質的欲求を満たすだけではなく、人と人の結びつきがほどよくあり、精神的にも満たされた社会でもあるはずだ。しかし残念ながら、現在の日本社会は物質的には成熟化社会に入ったが、人と人の結びつきを豊かにする様々な地域社会の活動が活発でない。物質的には豊かになったが、精神的には脆弱な歪んだ成熟化社会が形成されつつある。

そのような社会構造からくる精神的な寂しさや虚しさを現実社会では埋め合わせることができずに、インターネットが作り出した匿名性が高い仮想現実に精神的に依存するようになっているのではないだろうか。インターネットの双方向性の技術が生み出す、ネットゲームや2ちゃんねるなど日本独特の巨大掲示板などによるチャットも、ネット依存を作り出す原因になっている。

実生活が忙しく充実している人は、寂しさや虚しさを現実の社会でも解消できるために、ネットゲームや掲示板のチャットやネットサーフィンをやっても依存にはならない。しかし、時間的に余裕があり、現実社会に友達や仲間が少ない人が危険な人だ。

このような人がネットゲームや掲示板のチャットに興味を覚え、ネット上で意気投合する友達ができると、自然に寂しさや虚しさが埋まった感じがする。そして、仲間の輪が広がると、常に参加していないと仲間はずれにされたりしないか、仲間から見捨てられるのではないかという不安から常時インターネットを繋ぐ心理状態になる。

3　ネット依存の子どもや若者から見ると

実際にネットゲーム依存になった若者が書いた文を紹介しよう。

事例Ⅰ　MMORPGにのめりこんで
（ネットゲーム依存・ひきこもりの生活三年半・二十二歳・男性）

ネットゲームには色々なジャンルがありますが、ここではMMORPGというジャンルに絞って書いていきます。MMORPGとはオンラインゲームならではというジャンルで、数百人から数千人のプレイヤーが、一つの同じ仮想世界で同時にプレイできるゲームです。プレイヤーはその世界の中で、他のプレイヤーと関わり合いながらゲームを進めていきます。

MMORPGの魅力は、多数のプレイヤーが同時にプレイしているため、コミュニケーションを楽しみやすいところです。会話を楽しむ、協力して何かを成し遂げる、対立して競い合う等々。そしてプレイヤーは自分でどう楽しむかを決めることができます。商売をしてお金を貯める、ひたすら戦い強くなる等、人によって自分の楽しみ方を見つけることができるわけです。そういった色々な考えを持った人が多数存在する仮想世界で、自分なりの生活を過ごしていく。ここが最大の魅力です。

・今までのテレビゲームとの違い

今までのテレビゲームとの一番の違いは、終わりがないことです。ほとんどのテレビゲームのソフトはエンディングに向かって内容をなぞっていくだけで、進め方に違いがあっても明確な終わりがあるわけです。それに比べてMMORPGは、明確な終わりというものがありません。自分で目標を決めていけば、いくらでも続けることができます。もちろん運営会社が運営をやめてしまえば、そこで終わるわけですが。

もう一つはコストの違いです。テレビゲームのソフトは一本六千円前後でプレイ期間も二〜三週間程。MMORPGだと月額制を取っている物が多く、一ヶ月千〜二千円程です。一ヶ月何時間やっても同じ料金なので、ゲームのプレイ時間が多い人ほど得となるわけです。また、最近ではゲームをやるだけならば無料のネットゲームも増えてきています。

０から始めるとなると、パソコンを買う代金や回線代などにかかるコストはゲーム機を一つ買うのに比べると高額ですが、ネットに繋げる環境を持っているなら、ネットでダウンロードできるゲームが多いのですぐに始められます。

終わりがなく長く遊べる、またコストも安い。これらの点が今までのテレビゲームに比べ、中毒性を高くしている要因だと思います。

・ネットゲームはなぜ人を魅了するのか

具体的に、私が感じるネットゲームの魅力について書いていきます。元々、私はテレビゲームが好きで、昔からやり続けてきました。ゲーム自体が好きだったのもありますし、学校などでゲームの内容について話し合うなど、コミュニケーションの手段としても便利でした。そして好きでやり続けているものなのでどんどん得意になっていき、新しく出たゲームをすぐクリアしては、「あのゲームもうクリアしたよ」などと友人に自慢していたものです。ゲームが上手いというのが、自分のアイデンティティになっていったのだと思います。

しかしテレビゲームだとソフト一本の値段が高いため、友人が同じゲームソフトを買うことはほとんどありません。むしろ違うゲームソフトを買って貸しあった方が得になります。いくら得意で早くクリアできるといっても、ゲーム自体を楽しむことはできますが、同じソフトについて話し合える人がいなければコミュニケーションの手段としては使えません。そうして一人用のテレビゲームに飽きてくると、私はゲームセンターに入り浸るようになりました。

ゲームセンターには、対戦型ゲームというジャンルがあります。一人でプレイする普通のゲームと違い、プレイヤー同士が競い合って負けた方はそこで終了。勝った方は続けることができて、そこにまたプレイヤーが入り勝負を繰り返します。勝ち続けることができれば一プレイ分のお金で延々と続けることができるわけです。

私はこの対戦型ゲームに熱中するようになりました。相手がコンピュータの場合は、こうやればこう反応するという風にパターンが決まっているわけです。つまりそのパターンさえ覚えてしまえば、あとはその繰り返しでクリアできてしまいます。しかし、相手が同じプレイヤーだとそうはいきません。

人によってプレイの仕方は違うわけですから、駆け引きの読みあいが起こり、毎回違う展開になります。この読みあいというのが非常に面白く、その上勝ち続ければ少ないお金で長く遊び続けることができるわけです。

そして、そのゲームをやりたい人がゲームセンターに集まって来るわけですから、同じようによく来ている人と顔見知りになっていきます。人によってプレイの仕方にも個性が出てくるので「これはあの人だな」と覚えていくわけです。そしてふとしたきっかけで、ゲームについて会話するようになっていきました。

テレビゲームの時は同じソフトを持っている人が少なく、その人としかゲームの内容について話し合えませんが、ゲームセンターならば話す相手も見つけやすいわけです。もちろんこれは私の場合であって、実際に会話するまでにはならないことも多いと思います。

このように、相手がコンピュータでなくプレイヤーの人間だから面白い、上手くなれば少ないお金で長く遊べる、自分と同じようにゲームが好きな人が集まってくるためコミュニケーションもとれる、といった理由で、ゲームセンターはとても魅力的な場所でした。

しかし、いくら上手になれば少ないお金で長く遊べるといっても、毎日のように行っているとかなりお金を使うことになります。そこで次に熱中するようになったのが、インターネットを介したネットゲームだったのです。

すでにインターネットに接続できる環境が家にあったため、ゲームをダウンロードしてくれば、すぐにネットゲームを始められる状態でした。その上、私が興味を持った時は、ちょうどMMORPGのβテスト（無料で参加者を募って発売前のゲームをプレイしてもらい、完成度を高めるというテスト）が増えてきた頃であり、ゲームのプレイ自体が無料でできたので、ゲームセンターに比べお金はかからない、その上多数の他プレイヤーと遊ぶことができる。これは面白いなと思い、すぐにのめりこみました。

しかもわざわざゲームセンターに出向くこともなく、テレビゲームと同じように家にいるままプレイできて、他人と対戦したり協力したりコミュニケーションをとることができるわけです。

さらにネットゲームだけの魅力も多々あります。それは他プレイヤーとコミュニケーションがとりやすいことです。ゲームセンターに置いてあるゲームは対戦型ゲームがメインで、二〜四人で協力して進めていくゲームなどもありますが、見ず知らずの人とやることはまずありません。大抵は知り合いと一緒に行き、プレイするものです。つまりゲームセンターの面白さは、対戦型ゲームにあるわけです。

しかしMMORPGは、むしろ協力して進めていくゲームが多いのです。プレイヤーも多いので、色々な人と一緒に楽しめる。そしてゲーム内で用意されたキャラクターを使用するので、外見などを気にせず会話もしやすいわけです。そしてMMORPGには「これをしなくてはいけない」ということがありません。ひたすら戦って強くなるのもよし、他の人と喋っているだけでもよし、どうやってプレイするかは個人の自由という、許容範囲の広さがあります。

テレビゲームのように自分の家にいながら好きなときに気軽にプレイできて、ゲームセンターのゲームのように人を相手に遊ぶ事ができて、さらにネットゲームならではといえる面白さがある。これが私の感じるネットゲームの魅力です。

・私がのめりこんでいった理由

私は、ゲームが得意だということを自分のアイデンティティとして感じています。特に対戦型ゲームが好きでゲームセンター通いをしていたこともあり、ゲームを通して、人と競い合うのが好きなのだと思います。だから私が特に熱中したのは、協力して色々な人と一緒に楽しむという部分ではなく、「多数の他プレイヤーの中で自分がどれだけ強くなれるか？」ということです。

ほとんどのMMORPGでは、モンスターと呼ばれる敵キャラクターを倒して、経験値と呼ばれるポイントを貯めていき、一定量のポイントが溜まるとLV（Level）という強さのランクが上がって、キャラクターが強くなっていきます。そして強くなったら、さらに強いモンスターを倒して、経験値を得て……という繰り返しで自分のキャラクターのLVを上げていくわけです。なるべく早く倒すことができて、しかも多くの経験値を得られるモンスターを探す。それを見つけたら、ひたすら倒し続ける単純作業になります。つまり単純作業をひたすら長時間こなすことが、他プレイヤーより強いキャラクターを作る手段なのです。

私はその作業を黙々とこなすことができました。MMORPGというのは、テレビゲームのRPGと同じように、自分のLVの高さや経験値がいくつ溜まっているのか、ということが常に確認できるので、他プレイヤーと比べて自分がどのくらいの強さなのかがわかるわけです。やればやるだけ、自分のキャラクターが確実に強くなっていくわけですから、楽しみながらこなすことができました。それに加えて昔からRPGをやっていたので、経験値稼ぎという作業の効率をよくしていくのが得意であったのと、効率よくする手段を考えるのが好きだったのもあります。他の人より効率よい方法を探り、他の人より長い時間をかけずに自分のキャラクターを強くしていく、そして、その結果ネットゲームの世界の中でかなり強い存在になる。自分が得意だと思うことで満足のいく結果を出せることが、のめりこんでいった最大の理由であると思います。

・ネットゲームの危険性

はまりこんでしまう人が多いネットゲームですが、その理由は魅力の裏返しの所にあります。まず環境に左右されないところが大きいです。インターネットの回線が繋がってさえすれば、二四時間いつでも好きなだけプレイすることができます。つまり自分で今日はもうやめようと思わない限り、何時間でもプレイし続けることができるわけです。さらにほとんど目と手しか使わないため、プレイしている間に疲れを意識することがほとんどありません。これはテレビゲームにも共通していますが、テレビゲームは明確なエンディングがあるため、ずっと続けてやっていればたいていはすぐ終わってしまいます。しかし、ネットゲームには明確なエンディングがないため、長い間続けることができます。

ネットゲームの中でも、対戦相手を必要とするスポーツタイプのゲームや、囲碁将棋などのテーブルゲームの場合は、深夜や昼間だと他プレイヤーがいないことが多いため、あきらめて離れることもできますが、MMORPGだと一人の時は一人で楽しむ方法があるし、他プレイヤーが集まればまた違った楽しみがあるため、さらに危険性が高いといえるわけです。また、スポーツタイプのゲームや囲碁将棋などのゲームは、例えば本を読んで定石を覚える、他の人のプレイを見て学ぶ、など楽しんでいくための色々な方法があります。

しかし、MMORPGは、キャラクターの動かし方などの上手下手はありますが、キャラクター自体の強さが強ければ強いほど、できることも多くなり楽しくなります。つまり、まずはキャラクターの強さを上げるしかなく、強くするためにはひたすらプレイするしかないわけです。上手い動かし方を学んでも、結局はキャラクターが強くなければ駄目な訳なのです。

・ひきこもってオンラインゲームだけしかしていないと

ネットゲームにはまり、ひきこもってネットゲームだけしかしていないと、ネットゲームから受けるストレスを解消する場がほとんどないため、かなり危険だと思います。テレビゲームと違ってゲーム内のキャラクターは人が動かしているため、楽しくて癒されることもあれば、ストレスを受けることもあります。そのストレスをゲーム内で解消することができない場合、他の趣味を楽しんだり、仕事をがんばったりして解消することもできますが、ひきこもりだと、その解消する場が極端に少なくなってしまいます。また、インターネットの回線もメンテナンスの時間や不具合で繋がらない時があり、そうなった時にやり場のない強いストレスを感じることがあります。こうなると、はっきり依存症といえるのではないでしょうか。ネットゲームにも、やはり飽きがあります。そして、その飽きた時が依存症から抜け出すチャンスではないでしょうか。

私は今プレイしているゲームで、ギルドというゲーム内のプレイヤーが作った組織に入り、他のギルド、つまり他プレイヤーとの戦いが一番の楽しみになっています。その中でも最も嬉しいのが、他プレイヤーを倒したときよりも、自分が所属しているギルドのプレイヤーから、頼りになるとか強いとか言われた時です。つまり自分という存在を認めてくれる事が一番の魅力なのです。現実の世界にそういう場を持っているかどうかが依存症になってしまう重要なポイントであると思います。

事例Ⅱ　実際にプレイしてみると

(ネットゲーム暦一年半、TVゲームは小さい頃から好きだった・大学生・十九歳・男性)

私が初めてネットゲームに接続したのは二〇〇一年四月のことだった。ゲームを実際に購入したのは一月だったが、親とインターネットへの接続に関してもめ、それが解決したのが四月だったのである。

インターネットへの接続ができるようになって最初にゲームへログインしたのは夕食の前だった。私が家に帰ってくると、母がインターネット接続工事を完了したと言うので、いてもたってもいられなくなり、少しだけだからといってログインして三〇分だけプレイした。

そのゲームはサーバへのログインを済ますと、百人単位のプレイヤーの溜まり場のようになっている「ロビー」と呼ばれる場所へ自分のキャラクターが出現する。そこから更に最大四人まで入れる「部屋」と呼ばれる場所を選択し、そこに参加しているプレイヤーと協力してダンジョン（冒険の舞台となる、怪物の出現する洞窟や迷宮）を攻略していく、という仕組みだった。私が選択した部屋には一人のプレイヤーしかおらず、私は簡単に挨拶して、冒険の拠点となる町からそのプレイヤーのいるダンジョンへと向かった。

その後の経過ははっきり覚えていなくて、その後そのプレイヤーと会うこともなかったのだが、最初にパーティを組んだそのプレイヤーから受け取ったカード（名刺のようなもので、それを持っているプレイヤーと簡単なメッセージをやりとりしたり、そのプレイヤーのいる場所へワープしたりすることができる）は、結局そのゲームを完全にやめる時まで捨てることができなかった。

最初想像していたような、頭をガツンとやられるようなインパクトはなかった。考えてみれば当然のことで、コミュニケーションがゲームのシステム自体に影響を与えるわけではなかった。しかしインターネットを通じて沢山の人と出会い、コミュニケーションをとりながらゲームを進めていく楽しさは、最初の冒険の時に確実に私の心を捕らえた。というよりも、他者とのコミュニケーションのあるゲームの面白さを再確認したというほうが正しいのかもしれない。それまで（ネットワーク接続という要素はないにしろ）多人数プレイの可能なゲームをやったことがなかったわけではないが、休みの日にはよく友人と集まって、くだらないことを言い合いながらゲームで遊ぶのは大好きだったからだ。

オンラインゲーム（ネットゲーム）はネットワーク技術を介してもっとたくさんの「同好の士」が同時にいられるようになったものである。ゲームの中でコミュニケーションをすることによって増大する楽しさを、より拡張できるようになったに過ぎないともいえるのである。

当時の我が家にとって、インターネット常時接続など夢のまた夢の話であって、私は午後十一時から、あらかじめ指定した電話番号への通話が定額になるというサービスを利用していた。平日は帰宅してから十時半ぐらいまで仮眠をとり、時計が十一時になる少し前にゲーム機を起動させておき、十一時になった瞬間にインターネットに接続し、大体深夜一時から二時ぐらいまでプレイ。休みの前日は朝までプレイというパターンの生活になった。

ところで前述した「部屋」にはパスワードをつけ、入室制限をすることができる。そのパスワードをカードのメッセージで送ったりして知り合い同士だけでプレイすることができる。最初は知り合いも少ないから当然そういった鍵のない部屋を選ばざるを得ないが（鍵のない部屋に入ることは、何故か「乱入」と呼ばれていたが、別にそれが嫌われていたわけではない。乱入されるのが嫌ならば鍵をかければ済むだけのことだからである）、交換したカードが増えて知り合いもだいぶ増えた頃にまったり、リアル（現実社会）の友人がそのゲームに参加するようになった後も、私は相変わらず乱入を続けた（もちろん、たまにはパスワードをつけて知り合いと遊ぶこともあったのだが）。

私は狭い内輪の関係を継続させていくだけのような遊び方が好きになれなかった。せっかくインターネットで本当にたくさんの人間が集まっているのに、少人数で寄り集まって閉じた世界でゴチャゴチャやっている、というのはもったいないじゃないかという意識があったからである。今思えば冒険心を満たすためにそのゲームをやっていたとか、ゲームを純粋に楽しもうとしてプレイしていたというよりも、面白い人との出会いを求めて毎晩接続していたというほうが正しかったのかもしれない。

今もそのスタンスは続いているのだが、最初にそのことを自覚したときはショックだった。なぜなら私は現実社会では、自分のことを人見知りの激しい人間だと思っていたからである。

何故ネットゲーム上ではそのようにふるまえるか、ということについて、私はうまく分析することはできないが、二つのことが言える。まず同じゲーム（大きく言えば『趣味』）を共有している仲間であるという意識が働くことと、自分をいったんゲーム画面中のキャラクターに転化させること（あるいは『ゲーム内のキャラクター』を操作すること）によって、ちょうど良い距離感のようなものが生まれているのではないかということがある。

ともかく、そのようなプレイを続けたおかげか、私は様々な人々と出会ったし、ネットゲームの思い出というと、ゲーム自体で達成したことよりも、そういった人たちのことを思い出す。

ある時ロビーで知り合いとおしゃべりを楽しんでいると、そっくりの風貌のキャラクターが複数あらわれて、踊りながら歌い始めたことがあった。歌うといっても歌詞がフキダシに現れるだけで普通にチャットをしているのと変わらないのであるが、その統率が見事で、正に一糸乱れぬ見事な合唱だった。

その集団について詳しいことはよく知らないが、一人で複数のキャラクターを操作することが物理的に不可能というわけではないけれども、複数のコントローラを一人で操り、しかもきちんと連携しているように操りきるというのは事実上不可能と考えていいし、複数のプレイヤーが操っているならいるで、練習は大変だったのではないかと思う。

公演したところで見物料を請求するでもなし、レベルが上がるわけでもなし、なにか特別なアイテムを手に入れられるわけでもない（中にはファンがプレゼントしたりすることもあったのかも知れないが）。むしろそういうことに費やせる時間を浪費しているという点で、ゲームデータ的には何一ついい点がないどころか損をしているといえるかもしれないが、「他人を楽しませる」という楽しみ方ができる、というのはオフラインのゲームでは難しいネットゲームだけの特徴だった。そのことに気づかせてもらった私はいたく感動した。

他人を楽しませる楽しみ方の一つといえる「ゲームの中のキャラクターを作り、それを演じる」ということはポピュラーだ。

キャラクターを作って演じるということは一見するとなかなか難しそうにも思えるが、なんのことはなくて、例えばそのゲームでロボットの外見をしたキャラクターを作って、それを使っていた友人の一人は、「コンニチワ！」とか「元気ダッタ？」というように、平仮名を入れるべきところにカタカナを入れることで、よりロボットらしく見えるようにしゃべっていたし、キャラクターの生命力を回復させるアイテムを「修理キット」と呼んでいた。

オカマ口調でしゃべる友人（本人いわくゲーム外は普通にしゃべるし、同性愛者というわけでもないらしいが）や、全部平仮名でしゃべることで子供っぽく見せる友人もいた（物凄く読みづらいので会話が大変ではあったが）し、中には漫画のキャラクターそっくりにキャラクターの外見を作り、そのキャラクターになりきってプレイする友人もいた。漫画の中のセリフをうまく引っぱってきて話をするので、その漫画を知っていた私はその友人とプレイするのがとても楽しかった。

こんなちょっとしたことを徹底することでより深くゲームの世界を楽しむことができるし、私自身はあまり深く関わらなかったが、こういった「ロールプレイ（Role Play＝役割演技）」とか「なりきり」と呼ばれる遊び方を深く追求して、団体になってホームページを作り、それぞれのキャラクターの細かいプロフィールや、中にはそれぞれのキャラクターを使った小説まで公開していたりするというディープな世界に浸っている人も少なくない。

そういった「データには反映されない楽しみ方の発見」とは全く逆の出来事を経験したこともあった。あるとき私と友人（ゲーム上で知り合った友人ではなく、リアルの友人二人を同じゲームに誘って、一緒に遊んでいた）が部屋を作ってダンジョンへ潜っていると、一人の乱入者が入ってきた。そのプレイヤーは動きを見ても、稀少度の高いアイテムを沢山持っているところを見ても、結構なベテランプレイヤーのようで、当時まだ経験の浅かった私と友人を導いてくれ、私と友人とそのプレイヤーは見事にダンジョンを突破することができた。

町へ戻ってきて戦利品を分配し終え、おしゃべりタイムとなった時、そのプレイヤーが未熟な私たちのキャラクターを見かねたのか、「僕の余っている装備品をわけてあげるよ」といってくれ、私たちが見たこともないような非常に貴重で強力なアイテムをごろごろとその場に置き始めた。

その目玉が飛び出るようなアイテムの山を見て、喜びというよりも動揺に近いような気持ちをおぼえながら私たちはアイテムを選び、そのプレイヤーに最大限に感謝して、それからしばらくとても良い気分でプレイしていた。

あるとき、別の友人が「そのレアアイテム（稀少度の高いアイテム）どうしたの？」と聞いてきたので、私はそのとても親切なプレイヤーにもらったことを話すと、その友人が「その人はチーターじゃないか？」という話をし出した。

チーターというのは、ゲームプログラム上の欠陥や不正プログラムを使用してデータを改ざんすることにより（このような不正行為をチート〔cheat＝ズル〕と呼び、チートをする人はチーター〔cheater＝ズルをする人〕となる。また、チーターのことをバグユーザーなどと呼ぶこともある）、不正な手段でアイテムを手に入れたり、キャラクターを強化したりして、ゲームを有利にすすめようとする人のことである。私は「チート」などという言葉自体を知らなかったのだが、当時そのゲームはチート行為の蔓延がゲームバランスの崩壊を生み、大きな問題になっていた折の出来事だったのだ。

よく考えてみればいくら私たちの装備が貧弱だったからとはいえ、本当に苦労しなければ手に入らないアイテムをほいほいと譲り渡すというのは奇妙な話で（まったく無い話ではない。プレイヤーが近い内にゲームをやめるつもりで、持っていても仕方がないから他人に譲る、という例は少なくない。しかし私たちとそのプレイヤーは初対面だった上、そんな話も何もしなかったし、自身の装備しているアイテムは所持したままだった）、私はチートに関する友人の講義を受けるうちに、「チーターだったのかなぁ」となんとなく納得してしまった。

チート行為自体はゲームバランスを崩壊させかねない、ゲーム管理者側からすると重大な問題であるわけだが、そのチーターらしきプレイヤーは好意でそのアイテムを譲ってくれたはずだ（そのアイテムの出所は何であるかとか、好意の度合いは別としても）。後にそのゲームでは、チートによって生成されたアイテムを持っていることが検出されると、アカウントを停止・剥奪される（ネットワークに一時的・恒久的に参加できなくなる）というように、チートに対しての取り締まりが強化され、それによって「わざとチートアイテムをプレゼントして、他人のアカウントを停止させる」ような悪質プレイヤーが現れたりもしたが、私の時はまだそこまで厳しい取り締まりはおこなわれていなかったから（取り締まりが強化されてから怖くなって、もらったアイテムは捨ててしまったが）、そういった狙いがあったとも考えられない。

私は「そのプレイヤーがチーターである可能性が高い」ということには納得できたが、その「好意」が、自分の楽しんでいるゲームをおかしくする「問題行為」によるものであるという二面性のようなものには混乱させられた。そのプレイヤーの二面性ということではない。「チートをして沢山アイテムが余っている→装備品の貧弱なプレイヤーにわけてあげる」というプロセス自体は自然である。しかしそのプロセスの自然さは、「好意」と「問題行為」というように相反する性格のものに分解される。それによって生まれるギャップこそが私の混乱の原因なのである。このゲームが対戦型のゲームであれば、相手のチート行為は自分の不利に直結するのであるから、もっと単純に怒りのみを感じていたはずである。

その後そのプレイヤーと会うことはなかったから、そのプレイヤーとどう接していいかわからないという悩みは起こらなかった。しかしすっきりしないというか、後味が悪い感じは、この出来事に距離を置いて考えられるようになった今も拭い去ることができない。

余談であるが、チート行為の蔓延が最も酷かった時は、「コピー部屋」というものが普通に設置されていた。コピー部屋とは、チートによって不正にアイテムを複製してもらいたい人が集まる部屋のことで、「コピー求む」などという部屋名がずらずらと並んでいるのを見て、愕然としたことがあったのをよく覚えている。

ところで最初にも少し書いたが、ネットゲームの特徴は、複数の人が互いに遠く離れた場所に居ながら、一緒にゲームを楽しめるという点が最も大きい。しかし当時外国のプレイヤーと一緒に遊んだ記憶というのは数えるほどしかない。そもそも日本でしかサービスを展開していないゲームというのもあるのだが（その場合でも外国から接続してプレイすることができないということはないが、公式ウェブサイトが日本語オンリーだったりするのであって、そうなると当然日本語が理解できないと遊びづらい）、そのゲームは海外に設置されたサーバにも自由に出入りすることは可能だった。

あまり外国のプレイヤーと遊ぼうと思わなかった理由としては、一つは単純に自分の英語力に自信がなかったということと（これについては、いくつかの単語を組み合わせることで文章を構成でき、またそれぞれのプレイヤーの設定した言語に翻訳されて表示されるというシステムがあり、それを使えばゲームを進行させる上で最低限必要なコミュニケーションをとることはできた）、もう一つ重要な理由として、当時外国のプレイヤーのチート行為による悪質な嫌がらせの被害（詳しく説明するとそのゲームでは通常プレイヤー同士で攻撃し合うことはできないのだが、チートによってプレイヤーを攻撃し、プレイヤーが力尽きると装備している武器を落とすので、それを奪うといった例があった）が数多く報告されていたという点がある。

そういった理由で外国サーバに立ち寄ることなどはあまりなかったのだが、あるときロビーで友人と談笑していたところ、突然「誰か一緒に冒険しませんか？」という、前述のシステムを使ったフキダシが表示された。そのシステムを使った文章はどうしても味気ないものになってしまうし、単語を一つ一つ選択して文章を構成するのは手間がかかるので、普通日本人同士で会話するときにはそのシステムは使わないから、それだけで外国のプレイヤーであることを推測できた。更にロビーにおいては、表示されるキャラクター全ての頭の上に名前とキャラクターのレベルが表示されるのだが、レベルを表す数字の前に、日本から接続しているのならば「J」、ドイツなら「G」、フランスならば「F」というようにアルファベットが表示されるので、彼（彼女かもしれないが）の場合はフランスから接続していることがすぐにわかった。

しかし「外国人＝嫌がらせ」という図式は別に私だけの感覚ではなく、当時ほとんどの日本人プレイヤーがそういう印象を持っていたのではないかと思うのだが、そういう理由からか全く相手にされていなかった。

私も最初は無視していたのだが、彼はずっと同じことを繰り返していて、それをずっと聞きながしている内に、何だか自分がとても悪いことをしているような、いたたまれないような気持ちになってきて、ついには彼に近づいて「Hi」と挨拶した。

彼は私が何も聞いていないのに、自分がフランス人で（頭についているアルファベットで分かってはいたけれど）、日本に強い関心があるというようなことを英語でしゃべりまくり、一通り話を聞いたあと、私が「一緒に冒険に行こう」といい加減な英語で言うと、大喜びでついてきた。

彼は、私がそれまで耳にしてきたような悪質プレイヤーでは全くなく、言葉の不自由さを除けば、日本人とプレイしているのと全く変わらない感覚でプレイすることができ、私はそのことにひどく驚きというか新鮮さを感じたのだけれど、考えてみれば「誰々と普通に接した」という話よりも、「誰々にこんな嫌がらせを受けた」という話のほうが広まりやすいのは当たり前のことで、逆にもし、外国人プレイヤーの全員が全員悪質なプレイヤーだったら、海外でネットワークゲームが普及するはずがない。

また、それ以上に驚かされたのは、いい加減な英語でも案外通じるという事だった。

文法が多少間違っていても、意味するところは大体解ってもらえるようだし、相手の言い回しがよくわからないときは、「？」などと発言することで、理解できていないことをはっきり示せば、別の言い回しで説明してくれたりもした。

外国人が片言の日本語でしゃべっていても、よほど根本的な間違いがない限り、意味するところはわかる、ということと同じだと気づいたあとは、私はすっぱり（とりあえずそのゲーム内では）外国人コンプレックスと手を切ることができた。

そのフランス人とは何度か一緒にプレイしたが、彼は必ず最初に「konnichiwa」、別れる時には「sayonara」と言い、私もそれを返した。

彼が求めていた文通については、「定期的に長文を読み書きする」ということを不安に感じた私は、適当に理由をつけて断ってしまった。「彼に悪いことをした」というのと、「文通をしていれば、もっと色々な経験ができたかもしれない」という二つの理由で、私は後悔している。

そのフランス人との出会いによって「外国人＝嫌がらせ」のイメージは一気に吹っ飛んだのだが、その後、外国人による嫌がらせ（と判断しても良いものか、今も少し悩むのだが）の現場に居合わせたこともあった。

嫌がらせの対象は私自身ではなく、友人の女性（キャラクターが女性だったというだけで、実際に女性がプレイしていたのかどうか、ということは知らない）であった。

ある時彼女とロビーで久しぶりに会って話していると、ヨーロッパのプレイヤーが彼女に近づき、「I love you」などと、かなりストレートに口説き始めた。

最初彼女は完全に無視していたのだけど、私が「なんか口説かれてるみたいだよ（笑）」というと、彼女は「最近ずっとつきまとわれてるの」と言った。

私の「口説かれてるみたいだよ」は軽口だったのだけれど、彼女のその一言で、私はあの「触れてはいけないことに触れてしまった時」特有の、心臓の温度が急速に下がっていくような感じがした。

彼女はその外国人プレイヤーを完全に無視して、僕や他の友人と構わず話をしていたのだけれど、その内その外国人プレイヤーが「英語でしゃべれ！」だのと、イライラし始めた様子だったので、私は「はっきり『あっちいけ！』とか言ったほうがいいんじゃないの？」というと、彼女は黙り込んでしまった。

画面上のキャラクターは、何も操作しなければ何のアクションも起こさないので、黙り込まれてしまうと、何を考えているのか、外から見て非常にわかりにくい。それ故私は黙り込んだ彼女を見て「またマズイことを口にしたかな……」と少し焦ったのだが、しばらくして彼女は外国人プレイヤーに向かって英語で何事か言い、その外国人プレイヤーも返事をした（驚いたことに、彼女はきちんとした英語が使いこなせるようだった）。

長い文章だったのできちんと読めなかった、というより、彼女はかなり英語が達者だったようなので、後で経緯を彼女に聞けば良いと思ったので英語でのやりとりを読むことを放棄していたのだが、その内外国人プレイヤーが僕にもわかる口汚い言葉で彼女を罵り始めた(中には、日本人に対する侮蔑表現も含まれていて、私もかなりムカッときたのだが、きちんと抗議できるだけの英語力がなかった)。

彼女はまたすっかり黙り込んでしまって、私達の方を向いたきり、再び外国人プレイヤーの方を向こうとはしなかった。

外国人プレイヤーは何事か言いながら彼女の周りを走り回り、僕はいたたまれなくなって、彼女と他の友人にカードで送れるメッセージで別のロビーの場所を指定して、「そこへ移動しよう」と伝えて、一足先にそこへ向かった。

着いたロビーでしばらく待っていたのだけれど、いつまで待っても彼女と友人が来ないので、前のロビーへ戻ると、他の友人たちだけがいた。

話を聞くと、彼女は何も言わずに突然接続を切ったらしく(カードからプレイヤーがネットワークに接続しているかどうか、検索することができる)、外国人プレイヤーもどこかへ行ってしまったということだった。

接続を切られてしまってはゲーム内で彼女とコミュニケーションを取りようがないので、私もゲームの接続を切って、メールで彼女に「大丈夫?」と尋ねた(彼女のメールアドレスは以前から知っていた)。

十分としない内に彼女からメールが帰ってきた。それによると、彼女は以前から外国サーバにちょくちょく遊びに行っており、例の外国人プレイヤーともそこで知り合い、親しく付き合うようになり、その内にメールのやり取りが始まった。

最初はたまにメールを出したり受け取ったりという状態だったのだけれど、ちょっとずつプライベートの話などをする内に、いつの間にか彼女がメールを出さないと「なんでメールを寄こさなかったんだ！」と言われるようになり、その外国人プレイヤーは彼女の恋人にでもなったかのような（彼女はそう表現した）物言いになり始めた。

彼女は、はっきりと「あなたは私の恋人になったような勘違いをしている」と言ったのだそうだが、逆にそれから「I love you」攻撃が始まった。

そしてその日、私に言われてもう一度はっきりと言ったところ、あんな酷いことを言われて（僕は読んでなかったので、結局彼女がどんなことを言われたのかわからなかったのだが）、酷く傷ついた、というようなことが述べられていた。

彼女のメールには私を非難するような調子はなくて（誤解を恐れず言えば、僕も非難される覚えはないと思う）、ただ淡々と事実を並べてあるだけだった。僕はどう返事をしたものかすっかり困ってしまって、とりあえず「管理者の方に相手の名前とどんなことを言われたかをメールして、警告してもらえないものかな？」とか、「元気出しなよ」などと書いて送ったが、根本的な解決へ導けるようなことは何も浮かばなくて（その外国人プレイヤーともその日初めて顔をあわせたのだし、彼女を経由せずに連絡する手段も無かった）、私が送ったメールに対する彼女の返事もなく、私はその日再びゲームに接続する気が起きず、そのまま寝てしまった。

次の日の夜、ゲームに接続せずにまずメールが届いているかをチェックすると、彼女からのメールが届いていた。そのメールには「私はもうゲームをやめます。心配してくれてどうもありがとう」という内容のことが簡単につづられているだけだった。

私は「悲しいけど、あなたがそう決めたのならば仕方がない」というような、今思うと励ますつもりなのか、日和見するのか、はっきりしないようなことを書いて返信した。その日もゲームに接続する気がどうしても起きなかった。

彼女とはそれっきり、一度もやりとりをしていない。

彼女が受けた被害者であり、その外国人プレイヤーが加害者であるということに異論はないし、彼女が被害者であり、被害として納得できるし、また人が集まればトラブルが起こることを避けようがないということも理解しているつもりなのだけれど、私は彼女に一方的に肩入れすることができなくて、実際に同じゲームで遊んでいる仲間同士でそういうトラブルが起こり、それによって片方の仲間が去っていくという状況全体を寂しく感じた。

事件からしばらく経って、私がネットゲームの世界に入り込んでから合わせて一年を過ぎた頃から、急速にそのゲームに対する興味が失われた。

十二月頃（ゲームを始めて八ヶ月）だったかにそのゲームのアップデート版が出たのだが、お世辞にも満足できる出来とは言えず（キャラクターが最大限に育ってしまったプレイヤー向けに作られた新たな迷宮は、出現するモンスターを無闇やたらに強化しただけの取ってつけたようなもので、追加された様々な新機能も新たな楽しみを生み出すというほどのものではなかった）、従来の迷宮も探索し尽くしてすっかりあきてしまっていて（希少アイテム集めなどは、『見つかればラッキー』程度に思っていて、最初からあまり熱中できなかった）、その辺りから「チャットの相手が見つからない時や、チャットの合間に新しい迷宮に行く」といった、「惰性プレイ」と呼ばれたりする状態に入り込んでいたのだが、他のゲームに手を出したりして一日接続しないと、次の日は余計に接続するのが億劫になるという風に段々接続しない日が増えていく内に全く接続しなくなり、次の月のゲーム接続料は払わず、そのままそのゲームとは縁を切る形になってしまった。

よく「ネットゲームにはテレビゲームのような『物語のエンディング』がなく、エンドレスにゲームが続く」ことがオフラインのゲームと一線を画す魅力の一つというようないわれ方をする。しかしそもそも非常に多くのプレイヤーがそれぞれの時間で接続するネットゲームに同一の物語を提供するということは不可能だ。「自分がゲームを始めて五分したところで、前からプレイしていた別のプレイヤーが世界を恐怖に陥れていた魔王を倒してしまって、ゲーム自体が終わってしまいました」なんてことが起ったら、一体誰が納得できるだろうか？

つまりネットゲームは、そのサービスの形態から、基本的に物語性を否定せざるを得ない。だからエンディングがないのであって、永遠に楽しみを供給してくれることを保証するわけではない。

ネットゲームの魅力はその「コミュニケーション性」であるが、それを牽引するのはやはりゲーム自体（ここでは冒険の楽しさ・興味）の魅力であって、それが失われてしまうとただのチャットソフトになってしまうのであり、そのチャットソフト化について疑問を感じた時に、その人にとっての「そのゲーム」は終わる。

たまに同じネットゲームで一緒に遊んだリアルの友人と「あのゲームを始めてすぐの頃に戻りたいね」と隠居老人にでもなったかのように昔を懐かしむことがある。

ネットゲームに参加していた記憶や思い出の層というものは、例えば自分の通った学校の思い出の数々のような厚みがあって、そのゲームに「所属していた」という実感を湧き上がらせる。自分にとってはそれほどまでに「共同体」とか「社会」と呼ぶべきものであったのだと今更ながら思う。

右記の二つの文章はかってネットゲーム依存だった若者が書いたものである。ネットゲー

ムと言っても、楽しみ方はそれぞれで、テレビゲームの感覚で捕らえてしまうと大きな誤りが起こる。そして、誤った認識の決め付けで対応すると、こどもや若者のとのコミュニケーションの阻害になってしまうことが分かって頂けたと思う。

ネットゲームは単純な今までのゲームと同じように理解するのではなく、ゲームができるチャットを使うコミュニケーションツールとして理解した方が良さそうである。いずれにせよ、ネットゲームは仮想世界のことであるが、心理的には極めて現実社会に近い世界を持っているといえる。

4　ネットゲーム依存の心理「見捨てられ不安」

パソコンや携帯電話はインターネットに接続できる大変便利なツールだ。伝達や通信・広報などあらゆる用途に使える。同時性をもちコストもそれほどかからず、しかも外国でも確実に文字、写真やデジタルビデオ、統計などのグラフ等、様々な情報を衛星通信で送ることが可能だ。利便性で考えれば、今までの郵送による手紙や電話、ＦＡＸ、無線通信などとは比較にならないくらい優れている。

しかも相手に出すメールもパソコンでワードなどを使って書けるから誤字が少なく早く書ける、封筒や切手を用意しなくても良いなどの多くの利便性がある。相手のアドレスをパソコンに登録しておけば、手間がほとんどかからずメールを送れる。

また、受け取り手も、読みたい時に読めば良いので、メールを出す人は、今、相手は忙しく、迷惑にならないか、誰か他の人が電話に出た時はどうするか等の心配をすることはないので、精神的に最も楽な伝達手段である。

そのうえ携帯ならば、好きな時に好きな場所で情報を収集したり、メールを送ったりすることができる。この便利さから歩きながら、聖徳太子スタイルで右手に笏（しゃく）の代わりに、携帯を持っている若者を多く見受ける。あんなに年がら年中、連絡を取り合うほど忙しく、むずかしい仕事をしているのかなと、私も最初は思ったが、表情からして仕事のメールではなく、友達同士でやり取りをしていることがわかった。どうして、あんなに頻繁に相手とメールで交信するのだろうかと思った。

大人はメールを連絡手段に用いるので、必要な要件が伝わり、相手からその要件に対して返事が戻ればメールは終了する。

「契約は○月○日、当社、新橋支店会議室で午前十一時から始めたいと思います。ご都合は如何でしょうか。新橋支店　横浜太郎」

「新橋支店　横浜太郎様、了承しました。課長と一緒に伺います。中野商事、宮崎」

で終わる。

あるいは、

「ママへ、今日は会議が急に入ってしまったから、帰りが十一時頃になります。パパ」

「分かりました。お仕事、頑張ってください。ママ」

メールを仕事や連絡用のコミュニケーションツールとして使うと、メールは点と点の結び付きで終わる。しかし、恋愛や友愛などの関係性のコミュニケーションツールとして使うとどうなるのか。ちょっと再現してみる。

「ミキ、今、何してるの?」

「ヒマだから、ネットサーフィンしているよ」

「何を見ているの」

「KAT-TUNのHP見ている」

「亀梨くんカッコいいよね。ユミも好き」

「オレンジレンジもいいよ」

「いいよね」


メールはいつまでも続く。送られてきたメールにすぐに返事を返し、互いのメールのラリーは続く。双方向性で瞬時のインターネットの技術が、会話しているのと変わらない感覚で交信することを可能にした。違いは会話だと、直接返事を返さなくても、うなずくことや首を振ることで、相手に意思を伝えることができる。あるいは、うなずくなどの返事を返さなくても、雰囲気で伝えることも可能である。しかし、メールは言葉や絵文字のみの表現なので、黙っていると誤解が生じ、友達関係にひびが入ることもあるから、不安ですぐに返事を返すことになる。

双方の関係性の確認や強化のためにメールをする心理の奥には、不安がある。この不安を解消するためにメールを出し、メールを返す。この繰り返しが依存を作り出す仕組みになっていると考えられる。

お互いの関係が不安定な交際であればあるほど、緊張感も漂い、言葉の一つ一つに過敏に反応し、メールのラリーは延々と続くことになる。何でもない言葉も双方の関係性によっては深い意味を持つ。

メール依存は、文字だよりの狭いコミュニケーションツールでは、当然起こるものなのかもしれない。会って話す機会を多くしなければ解消できない。しかし、会っている時は安心できるが、離れてしまうと、すぐに不安になってついついメールをしてしまう。だから、互いの気持ちや関係性に過敏な女性の方が、メール依存になる人が多いのではないだろうか。

掲示板やチャットでは

現実社会での知り合い同士のメールに比べ、掲示板やチャットは見知らぬ不特定多数の人とのチャットが多くなる。色々な掲示板があるが、ほとんどの掲示板は、誰かがマスコミで話題になったことについて提供し、そのことに対して、思い思いの意見や考えを述べる。

その話題とは、「北京での反日デモについて」から「芸能人のネタ」まであらゆることについてネタになる。ネタはマスコミで話題になったことだけでなく、ローカルな地域の話や職場の話題まである。

意見をいう人は皆、実名ではなく、インターネット上のハンドルネームを使うからどこの誰だか分らない。掲示板によっては言葉の無法地帯が作られている。そこにはプライバシーや人権に対する配慮はない。そのような掲示板の管理者は、基本は参加者、各人が責任を取ることを原則にしているという。法律的に大きな問題になり、社会的に影響が大きく広がる恐れがない限り、行政指導などの介入はおこなわれていない。

現実社会をネタにした仮想現実の出来事と割りきれればいいが、当事者になった人はそんな気持ちにはなれないだろう。言論の自由といえば、聞こえがよいが、言葉による暴力的な掲示板も多い。

掲示板のチャットに若者や子どもは何故はまるのだろうか。チャットにはまったことのある若者に聞いてみた。

「楽しいよ。興味のある人が集まって、共通した話題で話し合うのだから、当然、盛り上がるし、自分の意見にレスポンスがあると興奮するよ。刺激的なチャットだし、色々、知識が増えるよ」

「話題の提供は新聞社の記事や週刊誌、テレビのネタなどを貼り付けて始まるよ。そして、みんな思い思いに匿名社会で言いたいことを言う。自分の意見に批判的な意見が出ると、論理で責めるのではなく、罵倒しあっていることもあるみたいだけれど、それで良いのかな」

「掲示板によって違うし、おかしなものも多いけれど、そういうのを自粛しあっているものもあるし、ひどい意見の時は管理者が警告を出すこともあるよ」

「そうなんだ。良いものを作ろうと努力している掲示板もあるんだね。休みの日に掲示板をやるの」

「休みの日はもちろん見るよ。平日でも、学校から帰って来て暇だったら、掲示板を見るよ。ニュースも分るしね。便利だよ」

「大体同じ掲示板に行くの」

「ニュースは大きな掲示板で見てから自分の好みの掲示板に行って好きな話題を探すよ」

「どのくらいの時間、掲示板で過ごすの」

「話題によって違うよ。興味がある話題だと一晩中盛り上がるよ。話題がないとすぐにやめるよ」

「それだったら、依存とはいえないね。掲示板にはまって依存になった人を聞いたことある」

「あんまりないよ」

「行政やボランティア団体が掃除する日の前に、掲示板で誰かが呼びかけて、海岸を先にきれいに掃除してしまったことがあったね。このように掲示板からリアルの世界に拡がることってあるの」

「日本でも小さなことは、海岸の掃除ほどではないけれど度々あるみたいだよ。今回の中国の反日運動はネットでの呼びかけだし、環境問題に対しての抗議行動やイラク攻撃に対しての反戦抗議行動なんて、みんなネットで広がったものだよ」

「そうだね。掲示板は情報を市民が共有化していく大切なツールなんだね」

「自分が情報の真偽を見抜く力があり、掲示板の管理者がしっかりしていれば、それほど大きな問題は起こらないようだね」

ネットゲーム依存

インターネットの世界で一番依存性の強いものが、ネットゲーム（オンラインゲーム）といえる。日本よりもインターネットが進んでいるといわれる韓国では、全人口四千五百万人のうち三千万人がインターネットを利用している。小学生ではインターネットで遊ぶ時間が一日二時間、中学生以上では四時間を超すと『ネット没頭症』と定義している。韓国におけるネット没頭症の中心的な治療者であるキム・ヒョンス氏（精神科医）は次のように語っている。

ネット没頭症に陥ると学校や会社に行かなくなり「なぜ、休むのか？」と友人や家族に問い詰められ、答えられず、関係が悪化し、家庭内暴力等、様々な問題が起きるから、ネット没頭症にならないようにすることが大切である。

韓国ではネット没頭症に陥りやすい子どもは、次の要因を抱えている。

・両親が四十歳以上でパソコンに疎く、子どもがインターネットで何をやっているのか理解できない。

・共働きで一人っ子が多い。
・両親の仲が良くない。
・親戚が近くに住んでいない。
・転校したばかりで友達がいない。
・いじめなど心の傷を引きずっている。

ネット没頭症の子どもは、学歴至上主義のストレスが多い学校社会の犠牲者であり、社会全体が多元的な価値観を認めるように変化することが必要である。また、子どものネット没頭症の治療には、家族の協力が不可欠であり、家族にできることは以下のとおりである。

・パソコンをリビングルームに置く（韓国では二〇〇〇年からキャンペーンをやっている）。
・パソコンはゲームマシンではなく、インターネットは親子でやるもの。
・父親は午後九時までには帰宅する（父親が深夜に帰宅する家庭の子どもにネット没頭症は多い）。
・家族の会話を増やし、親戚との付き合いを頻繁におこなう。

などを韓国政府は精神科や専門家とともに取り組み始めている。

要因については詳しい調査はまだないが、日本も同じような状況にある。これらの要因にあてはまる親は、子どもとの日常的な会話を多くし、休日は家族で一緒に楽しむ工夫をして欲しい。

北京では二〇〇二年六月に、ネットカフェで店員とトラブルを起こした中学生が放火して死者二十五名・負傷者十二名を出す事件が起きて以来、ネットカフェの営業時間を制限し、未成年者が入場できなくなったところもある。しかし、自宅でネットゲームに夢中になり、学校に行かない子どもが増えて問題になり始めていると教育関係者から聞いた。

タイのバンコクでは、子ども達がネットカフェで深夜までネットゲームをやることがブームになってしまい、非行に走るのではないかと不安になった政府が〇三年末にネットゲームの接続をできなくした。それ以来、ネットカフェを夕方から夜にかけてのぞいても、子ども達の姿がなくなった。

一方、国民が規制を好まないイタリアでは、ネットゲームは自由にやれるが、あまりネットカフェに子ども達は来ない。子ども達に「インターネットゲームで遊ばないの」と声を掛けたが、「サッカーやっている方が面白い」という声が複数返ってきた。仮想現実で遊ぶよりも、現実社会で遊ぶ方が楽しいようだ。

韓国のソウルでネットカフェに入って様子を見ていると、友達と連れ立ってネットゲームをしに来て同じゲームのサイトで遊ぶことが多い。現実の社会の友人は仮想現実でも友人のようである。日本の子どものように、一人でゲームの世界に入っていかない。血縁関係が強く残り、一人ぼっちにさせない人間関係があれば、ネットゲームに一時的にのめり込んでも、現実の生活を失うまでになることはないようだ。

現実生活が楽しくなく、友達もいない人がネットゲームにのめり込むことが問題なのだ。このような人がネットゲームにのめり込むと、ゲーム内は趣味がみんな同じなので話題には困らず、好きなだけチャットができる。また、自分の部屋なのでどんな格好をしていても気にすることもない。自分のペースでゲームを楽しみ、ネットゲームの中の仮想現実に仲間を作り、心の居場所ができる。

このような人はネットゲームの仮想現実で、常に仲間と一緒に行動し、冒険や生活を楽しむ人である。これが長時間に及ぶとひとつの運命共同体の世界に変わる。だが、仲間意識が運命共同体になっても、現実社会がしっかりしている人は今日はここまでにしておき、「明日、学校（会社）があるから、皆、悪いけれど、バイバイ、明日またね！」と仲間にチャットしてゲームを終えることができる。ゲームをオフにすれば、気持ちをすぐに切り替え、ネットゲームのことは考えずに明日の準備を始める。そして、次の日、自分の生活で自由になる時間にネットゲームを再開させ、ネットゲーム仲間に会って、どんな様子か聞き、仮想現実の共同体の中に入っていく。

また、ネットゲーム愛好家の中には、現実生活で結婚している人が、仮想現実のネットゲームの中でも気に入ったキャラと新婚生活を楽しむ二重生活をしている人もいる。このような人がオフ会で会い現実生活でも意気投合すれば、浮気問題にすぐに発展してしまう。現実社会と仮想現実をしっかりと区別するところに意味がある。だが、現実生活の相手にとっては、精神的な世界での結婚生活ではあるが面白くないかもしれない。

現実と仮想の区別は一見簡単なようだが、脳で認知することは同じことなので、実は難しいことかもしれない。その原理を利用しＩＴを駆使して、スペースシャトルの操縦訓練を始め、飛行機の操縦訓練や車の運転など、様々なシミュレーションができ、実際と同じような訓練が可能となった。これらは、実際に訓練することがむずかしかったり、多くの費用がかかる時に役立つ。

その最たるものが、航空機による素早い移送が可能で、最新鋭コンピュータ機器を搭載した米国陸軍第一軍団の装甲車両「ストライカー」だ。乗組員はテレビ画面を見ながら操縦し、衛星回線と繋がる車内のパソコン上の地図には自分と敵の位置が表示され、他のパソコンでは、電子メールによって作戦や情報のやり取りがおこなわれ、敵との戦闘地点で状況のデジタル写真が流される。テレビゲームやネットゲームに慣れ親しんだ二十歳前後の兵隊が、ゲーム感覚で戦闘をおこなう。ゲーム感覚ならば人は簡単に殺せる。ストライカーは九六時間以内に世界中のテロなどの紛争地域に送れると米軍はいう。

やり取りのできる双方向性の世界で現実社会と仮想世界の最大の違いは、パソコンの画面上のことと五感をすべて働かせる現実社会との違いである。その違いによって現実世界と仮想世界との区別が実感として明確に意識できる。しかし、ストライカーの狭い車両の中では、自分の部屋でコンピュータ機器に取り囲まれている感覚的と何の変わりもない。世界中のあらゆる紛争地域という超現実社会に、ストライカーが持ち込まれれば、現実社会の中にもエアポケットのように仮想現実ができる。ストライカーという仮想現実の中にいれば、テロリストの小火器程度なら、例え攻撃を受けてもびくともしない空間が確保され、安全で守られた部屋の中で、モンスターを倒すことと同じようにテロリストを集団で攻撃できる。こうなると精神的にはどこまでが仮想現実で、どこからが現実社会なのか全く区別がつかなくなるような気がする。

反対に現実社会に何か生き難さを感じ、ネットゲームの仮想現実に没頭するネット依存の心理には見捨てられ不安がある。ネット依存の人達の心理的背景には「見捨てられ不安」があるのではないでだろうか。見捨てられ不安は、家族からいつか見捨てられるのではないかと思う不安感のことで、見捨てられ不安は「基本的な安心感や信頼感」が育っていないことから起こる。

具体的にはどんなものだろうか？

①過去に実際に「見捨てられた」と感じる体験をしている。
・第一子で親に溺愛されていたが、妹や弟が生まれ、親の溺愛の対象が変わってしまい、

何となくさびしい思いをしたことがある。

・低学年の時は、学校の勉強が良く出来て、親の期待を集めていたが、次第に成績が落ちて何も期待されなくなったことがある。

・自分としては、親の言うことも聞き、家の手伝いもよくして、頑張っていたのに、ちょっとした不注意で必要以上の叱責を受けたことがある。

・幼稚園や保育園で、自分がやってもいないことについて、罰を与えられ、以後、悪い子として扱われた経験がある。

・学校で仲間外れにされ、それ以降、仲間に無視されたことがある。

②親が過保護で、何事においても先回りの子育てをされた。

・親が子どもを思う気持ちが強過ぎ、子どもが体験して自分で切り開いていかなければならないことを親が過剰に介入して、子どもをコントロールしてしまうと、自己判断力が育たず仲間外れにされやすい土壌がつくられやがて、仲間に無視されたり、馬鹿にされたりするのではないかという思いから、見捨てられ不安が強くなる。

・過保護は、保護されることが当たり前になり、他者からほんの少し拒否されると、強く拒否されたような気持ちが強くなり、被害者意識が強くなり、仲間から見捨てられた感情が形成されやすくなる。

③不登校や出社拒否を起こした体験がある。
・どうせ僕（私）なんて半端者で、親は産まなければよかったと思っているに違いない。親の期待を裏切ったのだから、愛情なんてくれっこない。落ちこぼれなのだ。いつかは「家から出て行け！」と、見捨てられるに決まっている、という意識傾向が強い。
④本人自身の自己評価が低く神経質な人。
・何をやっても上手くいかない。今度もきっと駄目になるのではないか。ちょっとした気になることでも、それがどんどん大きくなっていき、自分ではどうしてよいかわからなくなって、不安が強くなり落ち着けないタイプの人。
以上のことはネット依存から抜け出すためにも、大変な手がかりになります。つまり、ネット依存の背景に「見捨てられ不安」が強い人がいたら、その人の心理は、ネットの仲間から、見捨てられたくないための依存としての行動なのです。

拙著『ネット依存の恐怖』（教育出版）

もし、学校や職場で傷つき仲間の信頼も失い、不登校や出社拒否からひきこもり、ネットゲームをしているとしたら、「今度こそは仲間を失いたくないし、自分の心の居場所も失いたくない」と思い脅迫的な執着をみせるはずだ。インターネットをオフにしてしまうと、見捨てられ不安が起こるのでいつまでもやり続ける。いつもインターネットを常時接続しておかないと不安で仕方がない。自分がオフにしているうちに、ゲーム仲間は自分だけを置いてきぼりにして、楽しんでいるのではないかと疑う気持ちが膨らみ、感情を抑えることができなくなって、オフをオンにすぐにしてしまう。こんな気持ちを常に持っているから、いつのまにかネットゲームにはまり、ネット依存になってしまうメカニズムがある。最初はどこにでもいるテレビゲームやネットゲーム好きが、いつのまにかネット依存に陥ってしまう。現実社会の人間関係に息苦しさを感じると誰でも陥る罠がそこには隠れている。この心理的な構造は何もネットゲームだけとは限らない。知り合い同士でやるメールや、掲示板などを使って不特定多数の人とやるチャットにも、同じような罠が潜んでいる。携帯電話をひと時も離せない人も同じようなネット依存である。

5　コミュニケーション依存

メールやチャットはともにインターネットの双方性の特性を使ったコミュニケーション手段であるが、依存する心理には違いがあるようだ。

メールでは一対一の恋愛や友愛などの疑似関係に憧れる心理が依存を引き起こすのに対し、チャットでは気楽な仲間やグループなどに帰属していたいという心理から依存が起こる。両方とも現実社会で「さびしさ」「もの足りなさ」などを感じている人が、人間関係の希薄さを埋め合わせるために、無意識に人との出会いやグループの帰属意識を得る上で敷居が低いインターネットに代用行動を起こす。しかも、会うためには移動が必要な現実社会よりも、即時に繋がるインターネットの世界では、距離的にも時間的にも自由度が高い。さらに携帯やモバイルを使えば、いつでもメールやチャットができるようになるので、依存する確率も高くなる。まして現実社会で会ったことがない相手だと、想像を膨らませ相手やグループを勝手に理想化してしまう心理も同時に働くようだ。

しばらくメールやチャットをしないでいると「相手とメールで繋がっていないのでは」「仲間外れになっているのでは」という不安な気持ちが起きる人はコミュニケーション依存になっていると考えてよい。だが、本人には依存しているという自覚はない。

事例　靖子（ＯＬ・二十四歳）

靖子は短期大学を卒業した後、アパレル会社で契約社員として働いている。毎週二日は休めるが、仕事が忙しく毎日二時間以上の残業があり、帰宅時間は夜十時近くになる。母親が作ってくれた夕食を食べ、お風呂に入ると十二時近くになってしまう。

翌朝六時には起き、準備して会社に行く毎日が続く。仕事内容は一般事務だが、実際は小売店からの注文を受け、メーカーに発注し納品する商品管理の仕事だ。毎日決められた仕事をこなしながら営業が新規開拓した仕事も手伝う。

オシャレが好きだからアパレル関係の会社を選んだが、仕事内容はオシャレとはあまり関係がないから、最近は営業に変わろうかとも考えている。しかし、営業になると、土日に仕事し、ウィークデーに交代で休むことになるので躊躇している。それでなくても、社会人になると、自由な時間もなくなり学校時代の友達とも次第に疎遠になっていくのに悩んでいる。

社会人になったら、好きな洋服をたくさん買い、きれいな格好をして多くの友達に会い、にぎやかに楽しく過ごすことが理想だったのに…。素敵な洋服や靴やバックはあっても、同じ会社で働く友達以外いつの間にかいなくなってしまった。

自分の会社以外の他の職種の友達が欲しい。そうすれば、色々なことを知ることもできるのにと思う。そんなある休日、インターネットの掲示板を利用してメル友募集の書き込みをしてみた。

二十四歳会社員、独身、女、靖子

学校を出てからいつの間にか会社人間になってしまいました。会社と家の往復の毎日、たまの休みの日は、普段の睡眠不足を解消するため一日中ゴロゴロしています。これでいいのかなと思います。ひとりでショッピング行ってもつまらないし、誰かお友達になってくれませんか。

驚いたことに三十分もしないうちに男女を問わずメールが来て、その日のうちに百通を越えてしまった。

メールの大半は男女交際を期待しての男性からのメールであったが、同じような孤独な女性会社員からのメールも含まれていた。

二十七歳、会社員、独身、女、良子

私も大学を卒業後、ある商社に勤務しています。うちの会社は男女雇用機会均等法以降、男性も女性も同じように働く関係で女性でも残業は当たりまえ、海外出張ありの状態でプライベートに使う時間がほとんどありません。そのため、靖子さんと同じように学校時代の友達と次第に会えなくなっています。たまに友達の結婚式に呼ばれ、旧友と会いますが、みんな同じように時間に余裕なく生活しているようです。

結婚して仕事を続けている人は、旦那さまにもよりますが、家のこともやらなくてはならないようでさらに忙しいようです。結婚して子育てしながら仕事を続けている人もいますが、地獄のような毎日だそうです。旦那さまと子どもがいて、自分の仕事があることは理想のように思え、孤独ではないでしょうが、自分の時間は全くない生活だと友人は言っていました。

「孤独を取るか」「地獄を取るか」の選択をするとしたら、私は自分の能力からいって、パラサイトシングルが最高です。親は「結婚をしなさい」と言いますが、ほうっておきます。経済的には満足。しかし、自分の時間がない。孤独。何かあなたと私は似ていますね。よろしければ、メールをください。

良子さんも含め、自分と気の合いそうな人を何人か選んで返信した。みんな同じような状況だ。お金と引き換えに自分の時間を売る。働くのだからそれは仕方がないと思うけれど、もう少し時間に余裕があれば私生活も楽しめるのに……。でも、会社に就職すると時間は自由にならない。デートもままならなかったら、結婚なんてできない。でも、結婚すれば、もっと自由な時間がなくなるらしい。今の日本では二人働かないと生活はできない。そうなると結婚なんてしたくない。でも、親にそんなこと言ったら、目くじらを立てて怒るに違いない。今の生活「孤独」を何とかするためには、時間の隙間を利用できるメル友が大切と思えてくる。

親や同じ会社の人には話せないことでも、メールだけで繋がっている同じような状況の見知らぬあなた……。一度も会ったことないのに考えていることや何をしているかを誰よりも知っている私……。携帯を使えばいつでもメールができ、すぐに返信がくる。良子さんのような人生の先輩を大切にしなければと感じた。

靖子と良子はメル友になった。以下はある日のメール内容だ。

「良子さんには恋人がいないのですか?」

「今はいないわ。時々、元彼には会ってお茶するけれど恋人はいないわ」

「別れた彼にどうして会うのですか?」

「相談相手というか。彼は大学時代からの友達で〝結婚したい彼〟と〝結婚はまだしたくない私〟とで意見が分かれて、私と別れたの。その後、彼はすぐに大学の後輩と結婚したの。後から分かったのだけれども、彼は二股掛けていたのね。別れてから半年位してから、相談したいことがあるというから会ったの。結婚後に二股はないわよね。不倫になってしまうから、深い関係は私が拒絶しているけれど、たぶん、私の寂しさや孤独につけ込まれたのかなぁ」

「良子さん、本当は彼のことまだ好きなのでしょ。彼はなぜ、結婚したがっていたの？」

「彼が社会人になってしばらくして、お母さんが癌で亡くなったの。ひとりっ子で、たぶん母親代わりの女性を望んでいたの。私それが分かったから、結婚しなかったの。彼と結婚した後輩は、彼と彼の父親の面倒を見ているみたいよ。私はそんな人生嫌だったから。でも最近、男ってつくづく身勝手だと思うのは、そんな自分の都合で結婚した後輩に対して、彼女は糠味噌臭くなって女として魅力がない、その点良子は素敵だ、セクシーだなんていうの」

「そんな男、本当に別れてしまえばいいのに」

「私も孤独や寂しさがなければ、別れるのにね！　靖子はどうなの？」

「短大のゼミの飲み会の時に助教授に口説かれて、一年近くお付き合いしていたの。私にとって初めての男性だったけれど、先生にとっては何度目かの不倫だったのよ。彼の奥さんに対する嫉妬心が強くなって、携帯やメールをしつこくしたら、バレてしまい、大変なことになってしまったの。男なんてもうこりごりだわ」

「先生はバレて、奥様とは別れたの？」

「別れなかったわ！　私には別れると言っていたのにね。先生の奥様は大学の理事の娘で、父親は学会でも偉い方だったらしいの。力のない先生は義理のお父さんに頼る以外ないものね！」

「今はお付き合いしている人いないの？」

「先生以外お付き合いした人はいないわ。今はそんな時間もないし、本心で言えば、もう、男のことで人生を混乱させたくないし、恋愛は相手の男の好みや、趣味に合わせなくてはならないから、めんどくさいと思っているの。あれ以来、人間不信というか。人間関係もめんどくさいなと時々思うの。でも、ひとりぼっちだとやっぱり寂しいよね！」

「不倫、靖子の家の人にはバレなかったの？」

「たぶんバレていたと思うけれど、何にも言わなかった。親は心配だったと思うけれど、内面のことは干渉しないの。形や体面が整っていたら、それでいいと思っているの。干渉されることは嫌だけれども、あんまりあっさりされると、親として私に対する愛情がないのではないかと思うことがあるわ」

「そうね、今の親は自分の方が大切で、子どものことはどうでもいいと思っているのかもしれないね。〝子育ては無償の愛〟なんて言葉は死語よね。どこの大学を出て、どんな会社に勤めているのかが全てで、どんな仕事をやっているのかなんて興味がないのよね。大きな会社だって、何の仕事か分からないヤバイことをやっていたりするのにね。ところで靖子はひとり暮らししたいという気持ちはないの？」

「良子さんと同じでひとり暮らしはしたいと思うけれど、掃除、洗濯、食事など、ひとりでやるのは大変だと思う。親にやって貰った方が楽だし、パラサイトシングルがやっぱり一番よね！」

「親が結婚はどうするの？　と言わない限り最高だよね。会社の先輩は三十五歳を過ぎれば親はあきらめると言っているけれど、まだ八年ぐらいあるから長いね。」

「不倫でもすれば、どうしようもない子といってあきらめるかな？」

「不倫はやめたほうがいいよ。こころがズタズタになって人が信じられなくなる。渡辺淳一の世界は男の願望の世界であって、若い女の世界ではないと思うけれど。でも、同じ世代の男は子どもみたいで、私には魅力をあまり感じないから困るんだよね」

「靖子もそう思うの？　実は私もそうなんだ。完成している中年の男は魅力的だと思うけれど、自分の経験から同世代はもうコリゴリ、子どもみたいだよね。どうせ子どもならば、大学生くらいの男の子と付き合って、自分好みのひとり前の男に飼いならしたいと思う時もある。女って怖いよね」

「良子さんが大学生なら、私は高校生かな？　ちょっと抵抗あるわ」

靖子と良子さんのメールのやり取りはいつまでも続く。恋愛のこと、家族のこと、仕事のこと、上司に対する愚痴、何でも話できる。けれども、どこの会社に勤めているか、どこに住んでいるか、などはお互いに聞かない。そして、「今度、お茶しよう」とも言わない。ただ、毎朝「おはよう！」のメールから始まり、「おやすみなさい」のメールで終わる。良子さんが海外に出張している時も変わらない。一日何通も交わされるメール、彼女の一日の行動を全て知り尽くしているのは自分だけ。

ドライな現実社会の渇きを癒し、孤独と寂しさを解消するために、携帯電話は仮想現実で遊ぶ自分たちを結びつける道具。歩いている時、駅で電車を待つ時、時にはトイレの中で、常にメールの糸でふたりは結びついている。

成果が全てであるという現在の資本主義の価値観は、合理性や効率を極限まで追求する。本来、遊びは人間社会に必要な潤滑油であり、新たな発想を生む土俵だ。その遊びを今は不必要だ、無駄だといって淘汰していくと、会社組織はみんな同じように無機質のものに変化していく可能性がある。

それは勝ち組と呼ばれる一部の人間は豊かにしても、多くの人間は組織の機能や部品としての労動力としてしか扱われない社会構造が出来上がる可能性がある。富や権力を握った一部の人によって支配される階層社会は、新たな人間疎外の始まりである。

生物学的に見れば、人間は不合理で効率の悪い動物であるが故に、芸術や音楽を生み、新たな発想によって産業革命を生み、そして新たな技術革新がパソコンやインターネット社会を作り出した。

組織の機能の一部として使われた人間は、ストレスから身を守るために非日常生活にあこがれる。旅もそのひとつだが、時間に余裕がないと不可能だ。お金はあるが時間がないという条件を満たしてくれるのが、仮想現実の世界なのかもしれない。仮想現実の世界を現実社会にあてはめることは、ストレス社会の現実社会と癒しの世界の仮想現実を仕切る壁を取り除き、仮想社会もストレスで汚染してしまう感覚になる。仮想社会に現実社会の誰も入れず、自分の世界として聖域化してしまう心理だ。

靖子と良子の関係も仮想社会では誰よりも結び付きは濃いが、それを現実社会に持ち込もうとしなかったのは、これが理由だ。仮想社会イコール癒しの世界が成立すると仮想社会が聖域化する。聖域化は他人を寄せ付けなくなるから依存は強まる。そして、ストレスが高い人や現実社会との関係が希薄で孤独を感じる人ほど依存度が高まる。

多忙な現実社会はストレス社会でもある。大人達は私生活ではストレスを受けることを避けるために、爽やかさっぱりとした人間関係を求めだす。それが度を越すと寂しさや孤独感を感じる。

そんな時、メールが持つ特性のコミュニケーションは、他者に癒しを求め、相互依存の関係を作り出し、メール依存を生み出す。簡単に見知らぬ相手と匿名で繋がるインターネットが持つ利便性と人間関係の環境は、現実社会で暮らす私たち誰でもが、ネット依存に陥る危険性をこころに隠し持っている。

6　コミュニケーション依存に落ち込んで

寂しさや孤独感から逃れるために、他の人と繋がりを持っていたいという心の動きからメール依存はおこる。正確な統計はないが、メール依存の人は男性に比べ、女性が多いようだ。なぜ女性に多いのか、女性特有な心理とは何か。メールが持つ一対一の関係からおこる親密性は、自分ひとりだけの相手、特別な相手を仮想現実の中に作り上げ、安心する。それは特に宗教をもたない人でも、「どうか願いごとが叶いますように、神さまお願いします」とか「神さま、私をお守りください」などのように、自分の力だけではどうにもならならない心配ごとや不安があるときに、自分だけの心の神さまに神だのみする心理にも似ているものがある。

メール依存の心理には

・寂しさや孤独からの逃避
・ストレスの発散
・親密性の獲得
・時間の短縮（人が会うために移動時間の必要がなくオンデマンド）

などを仮想現実の世界で満たそうとする動きがある。このメールのやりとりで形成される世界は仮想社会であるから、家族などの近親者でも入り込めない不可視空間だ。しかも匿名社会であるため個人主義が尊重され、現代社会には非常にマッチしている。

上で挙げたような欲求を満たせる場を仮想現実ではなく、現実社会に作れればメール依存から脱出できる。言葉でいえば非常に簡単なことだが、実際には経済発展のために作り変えられた現実社会にそのような物を作ることは非常に難しい。

ここで問題点を整理してみる。

人間関係の希薄な社会は、次の二つの現象を招いた。

・大家族中心から核家族化、さらには単身家族の増加。

・地域社会の崩壊。

この二つは人間関係が疎遠になっていったことを意味し、子どものコミュニケーション能力の低下を招いた。管理社会でもある現実社会はストレスが多く、ストレスを必要以上かからないようにするために、私生活では〝隣の人は何をする人ぞ〟の感覚で、サッパリとした表面上だけの人間関係が求められるようになった。それがいきすぎると、寂しさや孤独感を感じ、それらを癒やすために新しい道具としてのパソコンと世界中の人と安価で瞬時に繋がるネットワークを持つインターネットが使われるようになった。

インターネットは、日本の過去の地域社会のように親密ではあるが個人のプライバシーなんて考えないベタベタとした人間関係ではなく、匿名社会なので相手がどこに住んでいるかも、どこの国の人かもわからない。そして、関係を負担に感じたり相手とのコミュニケーションを切ろうと思えばいつでもやめられる関係でありながら、必要によっては心をさらけ出したり、あるいはいつわったりできる仮想現実の世界だ。

効率優先の現代社会では時間的な制約から、人間にとって大切な他人との関わりとしての面と面が向き合うコミュニケーションをなかなかとれなくなってしまった。そのかわりとして、インターネットがコミュニケーションの道具として利用され始めたと考えることもできる。そう考えると単純に個人の心の問題というよりも、現代の社会システムと大きく関わる問題で、メール依存の元になる心の渇きや孤独感を自己規制だけで解決していくことは無理がある。

問題なのはネット依存になってしまい日常生活に支障をきたしてしまうことである。日常生活も普通に回っていれば、何にも問題にならず、趣味の領域のこととしてかたづけることができ依存ではない。深刻なのは、学校にも仕事にも行かず、メールコミュニケーションに依存してしまった人たちだ。

事例　美佳（ニート・二十二歳）

美佳は小さい時からおとなしく、どんなことをいわれても反抗しなかった。問題を起こして、先生に見つかった級友は、「あんたがこの町にいるからいけないのよ」と、問題とはいっさい関わりのない美佳にいいがかりを付け、怒られたうっぷんを晴らしてきた。いいがかりによるいじめは学年があがるにつれ巧妙になり悪質化していった。

美佳はいじめっ子たちに対し、内心「あの子たちは頭が悪い。頭が悪いから人の気持ちも分からず、自分の受けたストレスを自分より力の弱いものにぶつける。そして、自分は強い存在なんだと自己認識して安心をする。何にも反省していないから、また同じようなトラブルを引き起こし、先生に怒られて、また私にいいがかりをつけることをしていた。学年が変わりクラスが変わっても、その子たちはグループになっていたから、そのうちの誰かが同じクラスにいて同じようなことがくりかえされる。だから私は勉強をして高校は進学校に行こう。そうすれば、こんな人たちとは縁が切れるはずだ」と考えた。

美佳は中学生になってから勉強に熱を入れた。しかし、美佳の成績が良くなればなるほど、やっかみも加わり陰湿ないじめはさらにひどくなった。だが、美佳は希望どおり、その地域のトップ校に合格した。

進学校での日々は、美佳にとって初めて安心できる学校生活になった。学校生活の楽しさを味わうと、今までどちらかというと暗い性格だったのが何ごとにも積極的になり、表情も明るくなって自分が変わっていくのが楽しかった。「過去の私はさようなら、今の私が本物の私で好き」と思え、幸せだった。

そんな美佳も高二になり恋をした。相手は隣の理系クラスの天才と呼ばれる子だった。二人はメールを交し、お互いの気持ちを告白し合い、愛を深めていった。だが、お互いに学校と予備校の掛け持ちで、会って話すのは予備校の帰りに隣町のファミレスでたまにお茶をする程度だった。会話は携帯かパソコンのメールがほとんどだった。

夏休みに入る前の蒸し暑い日曜日の午後、模擬試験の帰りにいつものファミレスで二人は軽い食事を一緒にとっていた。食事をしながら、模試に出た英語の長文問題について話し合っていた。しかし、斜め後ろの席から複数の視線が、自分達に刺さるのを感じていた。何か悪い予感がしたので、振り向くこともできない不思議な感じに囚われていた。コーヒーを飲み終え、二人で席を立とうとすると、周りを四、五人の不良グループに囲まれていた。

「美佳、しばらくぶりね！　トンズラしたと思っていたら、いつの間にか男まで作ったのね。あんたも相当の玉ね！」と、その中の一人が言った。中学校時代のいじめグループだった。その時はそれで終わった。美佳はその時、彼に彼女らは中学の同級生であることを告げた。しかし、自分のプライドから自分をいじめたグループであることは告げなかった。

しばらくすると、美佳にとって不可解なことがおこり始めた。彼にメールを出しても返事がかえってこない。そればかりか不着メールの返信が届くようになった。彼に「どうしたの」と声を掛けても返事はかえらず、学校や予備校で顔を合わしても目線を彼は逸らしてしまう。

そして、あのファミレス事件から一ヵ月もすると、彼の態度は急変し優等生から遊び人の高校生になっていった。九月の新学期には予備校にも顔をださなくなった。美佳と仲が良いことを知っていた学校の先生方は心配し、彼の変化について尋ねてきたが、美佳には何も分からなかった。ただ、他校の良くない女子高生達と付き合っているという噂が流れていた。変わり果てた彼を学校で見るのは美佳にとっては悲しいことだった。師走に入り、難関大学を目指す高校二年生にとって受験勉強は本格化していった。

そんなある日、知らないアドレスの相手から一通の添付ファイル付メールが美佳の元に届いた。何だろうと思い開けてみると、文字メールは何もなく、複数の女とセックスしている元彼の数枚の写真だった。彼と楽しそうに交わっている女たちは、いじめグループだった。まだ、キスをしたこともない美佳は、心臓が張り裂けんばかりのショックを受けた。

彼とのメールや会話には細心の注意を払い、丁寧にお互いの気持ちや意思を伝え合った純粋な初恋だったのに、その彼が最も憎むべき女たちとセックスをしている。美佳は気が狂うほど混乱した。これから自分は何を信じて生きていけば良いのか、完全にわからなくなってしまった。

その写真がメールされてきた後、彼は学校にさえも来なくなった。美佳も生きている意味が分からなくなり、その年の暮れに手首を切って自殺を図った。偶然、美佳の行動が最近おかしいことに気づいていた母親が発見して命は取り留めたが、彼と同じように学校にも行かず、そのままひきこもってしまった。

誰も信じられない。何を信じてよいか分からない。親は高卒認定を受けたらというアドバイスをしたが、死にたい、生きていても意味がないという美佳の気持ちを動かすことはできなかった。ひきこもりの生活は次第に長期化していった。その後、いじめグループからはメールは送られてこなかった。彼のこともいじめグループの消息もわからなくなった。

テレビではいじめグループと同じ思考の元ヤンキーの先生や弁護士がもてはやされている。理解できない。あの人たちは、自分がヤンキーだった時代に傷つけた人たちのことをどう思っているのか。大人達は誰も聞かないし、本人たちも言わない。体験者だからひきこもりや不登校の子どもの気持ちがわかるので、応援したいと言っているが、まず自分が傷つけた人たちに謝罪することから始めるべきだと思う。テレビに映る彼らの厚顔を見ると、他人の心を傷つけたなんて認識もないのかもしれない。美佳には元ヤンキーといじめグループがどうしても重なってしまう。

人に対する不信感が強くなるばかりだからテレビやラジオは聞かない。もちろん、新聞も見ない。インターネットで自分が安心できる見出しを見つけ、クリックしてニュースを読む。情報はそれだけで十分だった。

死にたいと思いながらも、死ねない自分の醜さや弱さを感じながら生き延びる美佳にとって、インターネットの自殺サイトはただひとつ共感できる世界だった。現実世界ではひきこもっている何もできない自分、社会にとって価値のない自分。それを甘受しながらひきこもりの生活を続けている自分自身。嫌だがどうすることもできない。美佳にとって、生きていることの証は最低の自分と向き合うことしかない日々だった。

起きている時は、自分の部屋にあるパソコンに向かい夢遊病者のごとく、掲示板にある自殺サイトにフラフラと行く。そして、自分の気持ちに近い人の文を探す。時には掲示板に書き込みをする。

「死にたい」

「リストカットした」

「医者に処方された薬を全部飲んだけれど、死ねず、病院に運びこまれ胃の洗浄をおこなった」

「電車に飛び込む勇気もなく、ビルから飛び降りる強さもない。誰か練炭に誘ってほしい」

みんな死にたがっている。死にたい理由はわからない。

自殺サイトの掲示板を見て、その日の気持ちによってチャットをする。そして、以前チャットで知り合いアドレスを交換し合った自殺願望の数人とメールする。みんな、まだ死ねない自分の弱さや懺悔をメールにさらけ出す。自殺願望のない人から見れば、単なる傷口の舐め合いにしか見えないかもしれない。でも、美佳にとっては、最も落ち着く時であり、孤独から逃れることの唯一の精神安定剤でもある。くる日も、くる日も同じことの繰り返しが続く。

自宅にひきこもり、ネット以外は何もやらない。ニートではなく、ひきこもりのネット依存である。

彼女にとって必要なことは、カウンセリングを受けて心の傷を癒すことだ。しかしとても外出などできないし、たとえ訪問カウンセラーが来たとしても会う気持ちはない。

自分と同じような心情のメール相手交信し、共感のもと共依存の関係になり、死にあこがれる特別な感情を互いに強化し合い、ひきこもりを長期化させていく。そして、自殺を美化し、正当化し、願望を強くしていくだけになる。このようなメール依存の人は増えている。普通の人には理解できない練炭による集団自殺予備軍は確実に増えているのかもしれない。

チャット依存の心理

掲示板のチャットは趣味や興味ごとにサイトが作られている。そのため、はまり込む人の多くは自分の趣味が高じてチャットをやっているうちに、仲間が増え、趣味の世界がますます深まり、仲間だけで通じるオタク的な内容になっていく。仮想現実の中でうわさをききつけたり紹介されたりして自然に仲間が集まり、そこに自分達の精神的な居場所が作られる。仲間同士はいつでもどこでもチャットができる。同じ趣味の気の合う友達同士、居心地の良さに仲間同士で依存し合う世界が仮想現実にできると考えてよい。

インターネットは趣味の仲間を募りやすく、どこからでも誰もが参加できる。多くの仲間と情報を交換したり趣味の話を思う存分できる特性がある。オンラインゲームをやりながら、そのゲームについての情報を仲間同士交換し合いながらゲームを進めている人も多い。

チャットだけならメールに比べ心理的な依存度は低い。だから、毎日連絡は取り合っても、一日中チャットをしている人は少ない。しかし、深夜に話題が盛り上がり、一晩中やっているサイトもある。現実社会にたとえると、さしずめ気軽に趣味の仲間が集まり盛り上がる居酒屋や喫茶店みたいなところかも知れない。

依存が起きるとしたら、特定の人や仲間に依存するというよりも、同じ趣味の人としての集まりや枠のない無形の組織、つまり群れに依存するということかもしれない。

しかし、前の事例の美佳のように、チャットから一対一のメールに変わり共依存する場合もある。また、サイトによっては、匿名社会なので参加者の中にはストレスを発散するかのように非常に攻撃的で挑発的な人もいるので、子どもが一人でチャットをやるのは注意を要するものもある。

7　電話よりメールの心理

人見知りのする人、緊張感がちょっと強い人、新しい環境や雰囲気に慣れるのに時間がかかる人、優し過ぎる人、人一倍他人に気をつかう人、相手との距離や周りが気になる人。こんな人たちは、人間関係に繊細で電話の発信音を聞くたびに内心ビクッとするのではないだろうか。電話が苦手なのはこういう人たちだ。

電話をかけるときも、相手のことを気づかい、かける時間を気にし、話す内容もあらかじめ整理し、内容の順番を考えて、自分を少し追い込んでちょっぴり勇気を出して電話をかける。無論、最初は緊張するが、話の流れに乗れば、呼吸数も血圧も上がらずに安定し、冷や汗をかかないで普通に話せる人達である。

本当は手紙にしたいのだが、めんどうだし、できるだけ早く相手から返事をもらいたい。それには電話しかないが、ちょっと憂鬱だと感じていた人達にとって、メールはこの上なく便利なものだ。メールならば早いし、返事もすぐにもらえるし、何よりも楽なことは相手に気をつかわずにすむ。メールならば、内容を考え、整理し、充分に推敲してから好きな時間に出せる。返事についても、気楽に受け取れる。こんなに現代的なツールは他にはないという心理だ。

しかし、これらの人の多くは仕事用にメールを使いプライベートにはあまり使わない人でもある。

8　日本独特の匿名巨大掲示板

インターネットに国境はないといわれるが、日本にだけあるものとして、匿名巨大掲示板がある。その掲示板には日本で起こっている表裏のこと全てが掲示されているといっても過言ではない。政治、経済、文化、国際問題、地震情報、テロ、教育、心の問題、エロ、援助交際、スポーツあらゆることである。テレビに映し出されていることで、話題になることならば、すぐ、掲示板に誰かが書き込みをする。インターネット配信のニュースも貼り付けられ話題になる。そのことで、一晩中、井戸端会議ならぬインターネットおしゃべりが続く時もある。匿名だから不謹慎な内容も含まれ、凶悪少年事件の被疑者の顔写真が張り出されたりするような明らかな人権侵害に当たるような行為もある。それは一種の非合法地帯でもある。普通、一般的に認知されたサイトは「不適切な書き込み」が禁止され、もしそのような行為があった場合は厳重に注意され、マナーを守るような指導がなされるが、その巨大な掲示板は「書き込み」を放置した。それが受けて、多くに支持者ができて今日まで発展していった。無論、未成年の被疑者の顔写真などは、裁判所からの行政指導によって削除される。

常識を持ち、社会経験が豊富で、法律知識が多少ある大人なら、一定の距離を持って見ることができるが、自我がまだ確立されていない子どもには危険なサイトでもある。実際にこの掲示板に触発されて、ひきこもりの少年が高速バスをバスジャックし、乗客を殺害した事件も起こっている。

なぜ、このような匿名掲示板が受けるのだろうか。

・管理社会の裏返し、匿名性の魅力

このサイトでは自分の職場の人間関係や不満など、その職場にいなければ決して分らないようなことまでこまごまと書き込みがなされ、それを読んだ人が、「うちの会社とそっくりだ」と書き込んだりする。管理社会が行き届き、露骨ではないがどこでも監視や管理がなされ、その上、仕事と割り切った中でドライに働いているから、職場の人間関係も薄く、上司の悪口や愚痴をこぼせる相手もなく日常が流れていく。そんな時、巨大匿名掲示板が癒しになっているのかもしれない。寂しい、孤独に働く人々にとっては、一種の連帯感を生むオアシスの役割をしているのかもしれない。

・主人公は誰だ

物が溢れ豊かな社会になったが、人と人の結びつきは弱まり、さっぱりとした人間関係が好まれるようになった。そして、人々は群れをなさなくなった。均質性を重んじてきた労働形態は、もしも熟練した自分がいなくなって、明日から他の者が代わってやっても、職場で

は何の問題も起きずに仕事は今日と同じように流れていく。日本社会独特な均質な労働力の提供という集団の力が安定した品質の製品を生み、経済成長を遂げる原動力になっていった。給与も上がり、車、家電製品、快適な家など、ものに溢れた暮らしも格段に良くなった。しかし、精神的には何となく虚しい気持が残った。

そんな気持ちをおさめるために、「自己実現」と言う言葉がひとり歩きをしだした。現実社会で「自己実現」できる人は才能と運に恵まれたホンの一部に過ぎない。生産効率や売上げ高の目標が明確な管理社会。愚痴一つこぼせない希薄な人間関係。ドライな社会。しかし、誰でもがこれだけは人には負けないといった自負心やプライドはある。でも現実社会で何一つ満たされないと感じた時、心の埋め合わせを人は求める。それが日本独特の匿名巨大掲示板になって現れたのかもしれない。

・家に帰っても誰もいない

核家族や単身家族が増え、仕事を終え、家に帰っても誰もいない。テレビをぼーっと見ているだけだと一日誰とも話さないことになる。会社では仕事の話しかしないし、派遣社員が増え、職場の雰囲気がどんどん変わる。これでは人間関係なんて築く時間も精神的な余裕もない、こんな生活の人が増えている。自分が無機質で存在感が薄いと感じた人や、芸能人のオチャラケ番組を一方通行で流すテレビに虚しさを感じる人はインターネットにはまる。掲示板は自分の意思ですぐに自分の考えや感想を書き込める。そして、自分の書いたものが一人歩きをはじめドンドンと拡がっていく。自分の書いたものを見た人はわずかだが、すぐに賛否両方の意見が見知らぬ人から戻ってくる。テレビにはない参加型の情報提供やコミュニケーションの世界がある。その世界に好奇心に満ちた自己責任という危険さからひかれる人も多い。

9　ネットサーフィンは好奇心の世界

インターネットを始めて最初にはまるのが、自分が知りたいことを調べることができる検索サイトだ。

「自分にとって、興味があるものからもっと興味があるものへ」と拡がる。正に知的好奇心の翼を広げ羽ばたいて飛んでいるような速さで情報を手に入れることができる。好奇心を満足させ、すばやく移動できる魅力が魔法のようだ。しかし、好奇心は満たされるのだが、なぜか頭には残らない。表層的なネタは増えるが、自分の知識にまで発展しないという感じを受ける人は多い。どうしてだろう？

好奇心を満足させるために情報量をこなす。そのために効率を求め、自然と視覚的な情報を選択し、文章をナナメ読みしていないだろうか。そういうやり方だと、知的な好奇心というより、覗き見的な好奇心を満足させるために、ネットサーフィンの世界に入りサイトの情報を覗き見ることになる。それだけでは満足しない人が、自分が本当に得たい情報を選択しじっくりと読み、考える。知的な好奇心が起きると、頭に残り自分の知識になる。

見ることから読むことに変わると、多くの情報の中から自分の価値観で取捨選択するようになる。自分の持っていた知識との検証や思考の組み立てをおこなうことによって、真に自分の知識となっていく。それがインターネットの仮想現実を現実社会に取り組む姿勢でもある。これをできる人がインターネットを利用しても問題は起きない。

しかし、常に何か面白い情報はないか探し見る、さらにより過激な情報を探し見るといった姿勢の人は、好奇心を満たすために過激な刺激を仮想現実から求めるので、刺激が興奮を招き、知識は身に付かず、生理的な欲求だけが意識の根底に蓄積されていく。

この意識が現実社会で何らかのマイナスの刺激を受けた時に、爆発的な情念となって噴出して、事件を引き起こす起爆剤になる可能性も高いので注意する必要がある。現実生活がしっかりしている人の場合は、仮想現実と現実社会の区別が付いているから大きな問題がない。しかし、仮想現実が肥大化し、観念的になっている状態でひきこもっている人の場合は非常に危険なことだ。

ネットサーフィンは自宅にいながら、色々なレベルで自分の好奇心を満たす宝の山なのかもしれない。もちろん、その中の全てが宝であるはずはない。屑の情報もたくさん含まれている。それを自己責任で見分けていく知識や判断力も同時に身に付ける必要がある。

10　インターネット依存から抜け出るために

依存や中毒といった概念は、身体的な依存を引き起こす化学物質の存在を前提にしている。アメリカ精神医学会作成の精神疾患の診断基準（ＤＳＭ―４）では物質関連障害の要因として、アルコール、コカイン、大麻、ニコチンをあげている。これらは化学物質であり、これらの使用によって身体依存と耐性（使えば使うほど強くなる）が成立し、使用量の増加と離脱症状などの症状が起きる。しかし、インターネット依存は化学物質による原因ではないので、買い物依存やギャンブル依存と同じ仲間と考えられる。

インターネット依存（中毒/addiction）を心理学の領域で著名にしたのは、キンバリー・Ｓ・ヤングの研究（一九九八・『インターネット中毒』小田嶋由美子訳・毎日新聞社刊）である。彼女は次に上げる質問の八項目にイエスと答える人をインターネット中毒とし、五項目以上をインターネット依存としている。

①自分がインターネットに心を奪われていると感じるか（たとえば、さっきまでオンラインしていたことについて考え、また接続することを楽しみにしているか）？

②インターネットでより多くの時間を費やさねば満足できないか？

③インターネット使用に関して、自制しようとか、やめようとか、使用時間を短くしようと努力しながら、うまくいかなかった経験はあるか？
④インターネットの使用を控えよう、あるいはやめようと試みている時に気分が落ち着かなかったり、機嫌が悪くなったり、いらいらしたりしたか？
⑤最初に考えたよりも、長時間、オンラインで過ごしてしまうか？
⑥大切な人間関係、仕事、または出世の機会をインターネットのせいで失いそうになったことがあるか？
⑦インターネットにどれだけ傾倒しているかについて、家族やセラピストなどに嘘をついたことがあるか？
⑧現実問題から逃避したり、落ち込んだ気分を盛り上げたりする目的でインターネットを使うか（たとえば、無力感、罪悪感、心配、不安など）？

インターネット依存になりやすいものとして、ネットゲームとチャットがある。ネットゲームにもチャットの要素が含まれている。チャットはインターネットを介してのコミュニケーションツールである。知っている人、または知らない不特定の人とのメールを使っての会話である。なぜ依存になるほど魅力があるかについてはもう既に述べてきたので、ここでは依存から抜け出す方法について考えてみたい。

インターネット依存になる前に

①インターネットは依存に陥らせる要素を持っているという認識を全ての人々が持つ。

②インターネットに対して自制心をつける。

③自制心が弱い人は時間を決めてインターネットをする。

④時間を自分で守れない人は、家族とインターネット使用に関しての制限の約束をする。

⑤それでも約束を守れない人は、制限をかけるプログラムソフトを利用する。

⑥制限のプログラムソフトの設定を変更して使用した場合はパソコンを取り上げたり、回線の契約を解除したりする。

インターネット依存になっている人は

①本人からの暴力の恐れがない場合はインターネット依存であることを告げ、三・四日後、パソコンや携帯電話を取り上げる。

②暴力が予想できる場合は、インターネット依存であることを告げ、依存症（買い物・ギャンブル・仕事依存など）の治療をしている精神科またはカウンセラーのところに行くように勧めてみる。

③本人が治療者のところにいかない場合は、保護者または近親者が相談に行ってみる。

④本人の受診やカウンセリングで効果があがらない場合は、専門の入院施設や治療合宿があ

るところに相談してみる。

インターネット依存を治すために大切なこと

①本人の自覚と意思によって自制心を高めることが一番大切。
②仮想現実に生きることよりも、現実社会に生きる楽しさを教える。
③五感（視覚・味覚・嗅覚・触覚・聴覚）を使う楽しさを発見させる。
④現実社会での人間関係のスキルをつける。
⑤表現力を含め、感性や感覚を含めたコミュニケーション能力をつける。
⑥家族関係の改善を行い、コミュニケーションをスムーズにとれる関係性への変化を図る。
⑦違法性の高いサイトにアクセスをしないようなモラルを高めさせる。
⑧仮想現実でも現実社会の法律が適用されることを理解させる。
⑨寂しさ・空虚感は現実社会でなければ癒されないことを理解させる。
⑩インターネットは情報提供ツールであり、信憑性についての判断は自己責任が原則であることを充分に理解させる。知識や経験の未熟な子どもがひとりで自己判断しない。

インターネットは勉強でも仕事でも、これからの時代には切り捨てることのできない道具になる。だから、依存にならないためには自己規制としての自制力やモラルの向上をひとり一人が図っていかなければならない。自分の中にこれらの心が芽生えてくるとインターネットにのめり込まずに、上手に共存できるようになるはずだ。

11　インターネット接続時間累乗論

「一日、趣味や遊びでインターネットの接続時間はどの位が良いのでしょうか？」という質問をよくお母さん方から受ける。子どもがネットゲームやチャットを学校から帰って来て、部屋でずっとやっている。注意すると、みんなやっているからいいじゃないかということたえが返って来ると言う。

高速度の通信回線を使っているパソコンなら、瞬時に新しい情報が目の前に飛び込んでくる。情報量の多さは現実社会より累乗倍に多いから刺激的でもある。さらに遊びでインターネットを使用すると、自分にとって興味のあるゲームや情報の検索をするので、精神的な集中力はますます高くなる。趣味で気分転換にリラックスしたいからインターネットをやっているはずだが、実は勉強している時や仕事を集中してやっている時のように交感神経が活発に働いている。そのために興奮し、精神的にはストレスがたまる状態が作られている。ストレス発散のためにやっているのに、逆にストレスを溜め込み興奮状態になっていく。そのために、興奮が治まらず、寝ようと思っても眠れなくなったり、親にそんなに長時間やっては眼に悪いからインターネットをやめるようにと言われると、カッとして暴言を吐いたり、時には暴力を振るったりすることもある。

遊びでのインターネット接続時間に対し、累乗分の現実生活での人間関係が必要であると考えて良い。

一時間インターネットをやったら、一時間の家族コミュニケーションをする。二時間インターネットをやったら、累乗の四時間の現実生活をする。三時間インターネットをやったら、累乗の九時間の現実生活をする。一日は二四時間だから、後十二時間あると考える人はネット依存の人である。

学校や仕事に八時間、行き帰りの時間や日常生活上必要な時間が最低二時間は必要になる。さらに睡眠時間が八時間、合計十八時間だ。残り時間は六時間と考えると、インターネットの接続時間は二時間が限度となる。四時間は回復時間として使う必要がある。

12　富山県宇奈月若者自立塾の取組み

若者自立塾は六十四万人といわれるニート（ＮＥＥＴ）対策として、二〇〇五年から厚生労働省の創出事業として、全国二十五ヶ所で始まった。十五歳以上三十四歳までの若者で一年以上、不就労・不就学で労働訓練を受けていない人をニートと呼ぶ。彼らが三ヶ月の合宿生活を通して、生活リズムや人間関係のスキルを身につけ、様々な就労体験をしながら自信を取り戻し、働く意欲をつける取組みである。

ニートという言葉の発祥国イギリスでは、十三歳から十九歳までの若年失業者を対象に相談などの個別対応をおこなうものであったが、日本と韓国では不登校からひきこもり、ニートに移行したケースも予想されるために三十四歳までとした。実際に自立塾を始めてみると、やはり不登校から移行したものが多く見られる。その中にネット依存になっている者もいる。

事例　亮介（ニート・二十三歳）

亮介は中一から不登校になった。元来、大人しく人見知りがあったが、中学生になってさらに消極的になっていった。学校の成績が絶対評価になってから、先生は授業中に手を挙げるなど積極的に参加する生徒を評価するから、高校入試にこだわる生徒は内申を意識して、人を押しのけても発言をする級友が増えた。声が大きい人ほど、みんなに対する支配力が強くなっていくクラスに馴染めず、不登校になってしまった。

不登校になった理由を尋ねられても答えようがない。「なんとなく、クラスに馴染めなくて」と言っても、「別にいじめがあったわけでもなく、クラスが荒れているわけでもないのにどうしてなの？」と母親に言われ、「現実逃避だな。少々、辛いことはどこに行ってもある。それを乗り越えないと本当の自信は付かない」と父親にお説教じみたことを言われる。最初の頃は勇気を出して学校に行こうと思ったが、クラスの雰囲気を思い出して身震いしてしまう。

休みが長くなっていくうちに、学校なんてどうでもよくなってくる。進級を心配していた母親が担任に尋ねてみると「義務教育課程では、進級も卒業も心配ありません。それに今は不登校の子どもを受け入れる高校もありますから、亮介君がやる気を出せば大学だって行けます」という答えが返ってきた。それ以来、両親は安心してか、学校のことは言わなくなった。

テレビゲームに飽きた亮介はパソコンでホームページの検索をしたり、掲示板の書き込みを見ているうちに、無料でオンラインゲームをインストールして遊べることが分かり、次第にその世界にのめり込んでいった。チャットで知り合った仲間もでき、やればやるほどゲーム内の地位も上がり、魔法や貴重なアイテムを獲得していった。退屈だった毎日が楽しくて仕方がなくなった。

他人に頼られる自分なんて現実社会では体験しなかった。他人に頼られれば期待に応えらければならない。頑張ると感謝の言葉が返ってきて、自己有用感がひろがり、なんとも気分がよい。この気分のよさを得るために、次第に仮想現実にいる時間が長くなり一日十二時間を越えるようになった。パソコンの前で暮らす日々が続く。中学は卒業し、形式的に通信高校に在籍するが、スクーリングにも行かないし、レポートも出さないから単位を取ることができない。

両親は予備校に行き高卒認定資格を取るように勧めるが、その気にもなれない。そんな日が五年間も続き完全なネット依存の若者になった。

その頃の亮介は、自分自身の姿が、夜行性で異常なほど痩せ、足は退化し、目が飛び出すようにギョロつき、両手は巨大でキーボードを無意識に叩き続ける十本の指を持つように思えた。こんな醜い姿をさらすことなどもうできない。現実社会には未練がない。仮想現実だけが自分の真に生きる場のように思えた。

ネットゲーム仲間では、亮介のような人を冗談に「ネット廃人」とも呼んでいる。親に働けと言われれば、ネットゲームで稼いだアイテムを売ってリアルマネーにすることもできる。亮介もいざとなれば生活費を稼ぐことはできるという自信があった。コンビニで安い時給で人にあれこれ言われ気を使ってバイトするよりは、時間的にも自由だし稼ぎもよいし、そうやって稼いでいる仲間もいるから、高校の単位やバイトなどのことで悩むことはなかった。

二十歳を過ぎ小学校時代の知り合いが大学に行った、社会人になったと親に言われてもピンとこなかった。そんなある日、突然インターネットが使えなくなった。親が回線契約を解約したのだった。母親に契約を戻すように要求した。すると、

「親がお金を出しているのよ。亮介はもう二十歳なのよ。あなたがやりたいのならば、自分で契約したらと」母親は言う。

そこで使わずにためてあった小遣いを出して、自分の名で回線契約をした。

「学校に行かないのならば、生活費を出しなさい。生活費が払えないなら働きなさい」と母親は言い出した。

「俺が外に出られないで、ひきこもりになっていることをお前は知っているのに、そんなことをなぜ言うのか」と問い詰めた。

「二十歳はもう大人なのよ。親はあなたを養育する義務はないわ。あなたが家にいたくないならば、住み込みでもして働けばいいのよ」と言う。

「お前は誰に忠告されてそんなことを言っているのか。あの父親か！　愛情もろくにかけず、二十歳になったら出て行け。お前ら勝手だな。親の責任を十分に果たさないで」と言っ

たとたん、亮介は親に見捨てられたと感じ、わけがわからなくなって、気が付くとリビングのソファーをひっくりかえしていた。

翌日、見知らぬ男四人が家を訪ねて来た。

「君が亮介さんだね。自傷他害の恐れがあって危険だから病院で検査入院してもらう」と中年の男が言い、力ずくで精神病院に連れて行かれた。病院では観察部屋と名づけられた、窓がなく仕切りもない水洗トイレと簡易ベットだけがある独房のような部屋に入れられ、モニターカメラで二十四時間監視された。部屋の鉄製のドアには鍵がかけられ、どんなに騒いでも外には声が漏れないような仕組みになっていた。

独房の生活は三日間で終わったが、その後は病棟のドアと各病室のドアに鍵のかかる閉鎖病棟（雑居房）に入れられた。病室にいる人はみんなこころを病んでいる人のように亮介には見えた。僕は親によって精神病にされたという思いが胸にこみ上げてきて悲しかった。それから三週間医者の問診やら、検査で時間が過ぎた。

「統合失調などの精神疾患は見られないが依存症であることは間違いない。ここにいても仕方がないので退院してもよい」と若い医師は告げた。

家に帰ってパソコンの電源を入れると、中身は別の世界になっていた。全てが初期化してあった。これでは仮想現実で仕事もできない。仮想現実の俺も全て消されてしまった。現実社会でも仮想現実でもプータローになってしまった。こんなことをした親をブッ殺してやりたいと思った。しかし、まだネットゲームから離れて一ヶ月たってない。バックアップはとっていないが、ゲーム配信会社にはデータが残っているはずだ。復活できるかもしれない。親相手に暇をつぶしている場合ではない。亮介は必死だった。五年間の自分の生きた証が残っているかもしれない。彼が持っているあらゆるテクニックを使って、三日で完全に元の状態に戻すことができた。無論、仮想現実の中での空白の一ヶ月を埋めるための人間関係（キャラ関係）も含めてだ。皆本当に心配していてくれた。そして、事情を知って気の毒がり、またパーティが組めると非常に喜んでくれた。本当にありがたい。これが真の友情だ。その点、親は人間の恰好をした狼のように思えた。

それ以来、親とは口も聞かないひきこもり状態が続いた。亮介の生活は相変わらずのパソコン漬けの生活だった。ただ違っていたことは、親の口封じのためにダイニングテーブルに時々アイテムを売って稼いだお金を、回線使用料と生活費位は毎月渡すつもりで置いた。親はお金をどうしたのかも訊かなかった。

父親がキレたのは、それから二年してからだ。

「こんな少しのお金で生活していけると思っているのか。俺も会社をいつリストラされるか分からない。もうこの年だから、普通の会社員として雇ってくれるところはどこにもない。交通整理の旗振りや駐車場の管理人では生活していけない。知っていると思うが、母親もフルのパートの仕事に変わった。俺たちの老後はどうなるのか。自立しろ！」と突然部屋の外から怒鳴った。黙っていると今度は少しトーンダウンした声で、「お前は病気だ。ネット依存で、治療が必要だ。精神病院に入院するか、今度出来た若者自立塾という所で三ヶ月間共同生活してみるかのどちらかにしろ。病人として扱われるか、自立して生活していける力を付けるかどちらかだ。お前が結論を出せば良い。自分でパソコン検索して情報を集めてみろ。今日は土曜だから明日の正午までに決めろ。わかったな。もし、両方駄目なら家を出て行け」と勝手にしゃべって去っていった。

二年間、否、七年間近く、何にも言わず、係わろうとしなかった父が、なぜ今頃になってこんなことを言い出したのか。前から勤めている会社が不景気のあおりを受けて、経営状態が良くないといっていた。たしか定年まで五、六年はあるはずなのに、早期退職を勧められているのかもしれない。もしかして自分が会社から受けたストレスを僕に向けて発散しているのかもしれない。学校を卒業してからずーっと勤めていた会社を追われることの不平や不満、そして家族の生活を守るために新たな職場を探す不安などが入り混じり爆発したのかもしれない。それに追い討ちをかけるように、老後の経済的な不安があるのかもしれない。景気が良かった時代は口癖のように、自分はエリートだ、俺の年代のサラリーマンの中では稼ぎ頭の方だ、と自慢していた。確かに父親の勤めている会社は一部上場の一流会社に入る方だったはずだ。だから、定年になってもたっぷりと退職金を貰い、子会社に再就職できると言っていたはずなのに、それも長引く不景気で不可能になったのかもしれない。僕もこころのどこかでそれを信じ甘えきっていたのかもしれない。

現実社会で働いて生きていくことには全く自信がない。学歴もなく、何か資格があるわけでもない。体力もなければ、人間関係も苦手な僕がなにをやって生きていけるのだろうか。でも、あと何十年も現実逃避して生きていけるわけではない。どうにかしなければならない。二年前に強制入院させられた精神病院は人間としての尊厳や人権を否定された感じがしたから、二度と行きたくない。でも、障害者手帳を貰えれば、福祉の世界の世話になって生きていくことができるかもしれない。しかし、それも考えてみたら変だ。親にお金を借り、アパートを借りてゲームで稼いだお金で暮らすという方法も考えてみたが、チャットで皆に相談してみたところ、それだけで一人で暮らしている奴はおらず、みんな小遣い稼ぎだった。その方法で暮らしている人がいないということは、どこかに無理があるということなのだろう。

父親が言っていた厚生労働省の事業「若者自立塾」をパソコンで調べてみた。自分には合うと思うが、合宿生活に全くの自信がない。十年近くひきこもってテレビゲームやパソコンばかりやっていた自分には、他人と一緒に暮すというイメージさえ掴めない。ひとりっ子ということもあって、どうも、同世代は苦手だ。チャットやメールならば、いくらでも会話できるのに、実際に会うと緊張が走り何も言えなくなる。だから、合宿なんて無理だと思う。

パソコンのデータ打ちの内職仕事はあるが、単価が非常に安く、とても暮らしていくお金にはならない。キャリアを上げるためには、高校を卒業し、専門学校に入り資格を取っていくのが良いのかもしれないが、気の遠くなるような話だ。十五、六の頃ならやれるかもしれないが、今年二十四になる僕には無理だ。

色々考えるが結論はでない。八方ふさがりのようだ。でも時間が経てば経つほど年齢が増え、ますます困難な状況になっていくように思える。

どうしたらよいのだろうか。自分のことは自分で決めなければならないが、どうでもよいような不安が次々に生れてくる。その不安を一つ一つ考えていたらキリがない。動きながら考えていけばよいのだが、最初の動きが取れない。

翌日の日曜日の正午になっても結論はでなかった。父親から「肚は決まったか」と、言われたが、答えようはなかった。父親は怒ると思ったが、

「そうだろうな。自信が持てないんだよな。一緒に考えてもやるし、動いてもやるよ」と笑顔で言う。正直言ってその反応に戸惑ってしまった。嬉しいのか、迷惑なのか分からない気持ちが心の中にあった。

「今すぐには働けんだろう。かといって病気ではないから、精神病院で治るわけではない。お父さんは自立塾が良いと思う。全部の団体の紹介があるホームページがあるから、それを見て、亮介がいくつか選び一緒に見に行ってみよう」という。

この年になって父親が一緒に動いてくれるのは情けないが仕方がないと思い、インターネ

ットで調べてみて、ITルームがあり、不登校からひきこもり・ニートになった人が来る宇奈月自立塾を選び入塾することにした。

入寮してみると自分と同じようにネットにはまり込んだ仲間がいて、すぐにうちとけられた。そんなある日、亮介のパソコン技術を見て、「CADの勉強をしてみないか」と寮長は勧めた。得意のパソコンを生かす。この塾では、以前やはりネット依存だった先輩が、一級建築事務所の社長に見込まれ会社に就職している。

亮介も社会人としてのマナーを身につけ、得意分野を活かし社会人の仲間に入ろうとする気持ちが内面から沸いてきた。ネット依存に陥り、自己規制ができない時には、第三者の力を借りて自己をコントロールしていかなければならないこともあることを悟った。

家族の力だけでは限界。しかし、病院は？

オンラインゲーム、チャット、掲示板、自分のブログをいつまでもやっていたいという感情を自分自身では抑えられなくなってしまった時、身内で甘えられる関係の人（例えば母親）に注意されると暴力的な言動を取り、自分より強い相手の人（例えば父親）だと、反発を覚え反抗的な態度を取る。そんな時、第三者だと相手との距離があるために感情的にならずに、理性が感情をコントロールするので冷静でいられる。

理性が働く期間が長くなればなるほど、自分を取り戻すことができるようになる。そして、指導者（治療者）と仲間がいると、適切なアドバイスを受けたり、お互いの励ましあいで乗り越えていけるようだ。そのためには家を離れて暮らすことが重要なポイントになるから、韓国や中国では入院という仕組みを採用している。

日本の病院は薬物投与中心でないと経営が成り立たない。まして、長期間入院させ生活指導をするとなると医療点数が上がらず赤字を出してしまうので、ネット依存の治療には消極的にならざるを得ない。しかし、民間の施設だと保険がきかないので利用者の負担が大きい。ネット依存の治療という考えがまだ定着していないが、家から離れて治療するといっても課題は大きい。

ネット依存は心理的依存

ネット依存はニコチン、アルコール、薬物（覚せい剤などを含む）等の物質に対する依存と違い、仕事、買い物、セックス依存と同じ仲間の心理的依存である。心理的依存は自分に自信が持てず、他者との関係性を気にするあまり陥るものとして考えてよい。「他の人が自分をどう見ているか気になる」のは、過去の嫌な体験や見捨てられ体験から来る。

もう二度とちょっとしたことで失敗はしたくないという思いが、仕事に対して起こると、自分の仕事のミス探しを始める。それがウィーク・デイだけで終わらなければ、休日にも出勤し自分の仕事の点検を行う。頭の中は守りとしての仕事しかない。だから、職場仲間にはあまり好かれずに暗いイメージが常につきまとってしまう。こうなると、仕事依存といえる。

同じ洋服、靴やバックでは、人に笑われてしまうのではないかと持ち物や着ている物を常に気にし買い物に走り、つぎからつぎに商品をカードで買い込み自己破産してしまう買い物依存。

異性相手だと緊張したり、話をしていて相手が気まずくなったりしないだろうか、など必要以上に相手を気にし、それらを振り払うために性的関係を持ち、性的な関係性をいつまでも継続しておこなうことにより、相手を自分に惹き付けておく自傷的な行為としてのセックス依存。

仕事依存、買い物依存、セックス依存などは他者との関係性において依存に陥る対象依存である。ネット依存も同じジャンルに入る心理的な依存と考えてよい。

・現実社会で人間関係が上手くいかず孤立している感じがする。
・会社や学校で自分は誰も認めてくれないと感じる。
・自分には気の許せる友達がいない。
・親子や兄弟との関係もあまり良くない。
・現実社会に対して自己有用感が持てず、存在感が薄いと感じる。

などと感じている人は、ネットゲームを含めたブログやチャット、メール依存になりやすいので注意が必要だ。心理的な依存は薬物依存とは違い違法行為として取締まることはできない。

警察による検挙や保護の対象ではないので、力による介入もないから罪悪感もなく、依存している行為と関係を切り離すのが難しい。依存に陥り、自己規制力が壊れた時には家族や仲間及び第三者の介入が必要となる。

ストレスが多い現代社会で心理的依存に陥る人はこれから多くなると考えられる。現代社会の病理として、今後、大きな問題になるはずだ。この問題を解く鍵は「豊かな人間関係を築くスキルの獲得」かもしれない。現実社会が楽しければ仮想現実に溺れることはない。現実社会が充実している人は心理的な依存に陥ることはけっしてない。そのためには

・ストレスマネージメントを自分でできなければ、心療内科やカウンセリングに通い相談してみる。
・心理的依存の背景にある人間関係のスキルトレーニングを身につける。(専門的な治療を受けることも大切だが、趣味のサークルに入り、緩やかな人間関係の中に身をおくのもよい)
・自然体の自分を好きになり、相手を好きになることができる良好な友人や恋人となるパートナーを見つける。
・他人との信頼感を得ることや友愛、恋愛は努力し継続することに意味があることを知

る。そこから人間関係力を身につけることができ、自己成長に繋がる道になる。

・相手の気持ちを思いやり、考えてみる。そうすることができれば、相手から必ずその充分なお返しとしての気持ちが返ってくる。そうなると自分は一人ではない、孤立していないという感情が自然に湧き上がり幸せな感情になれる。

・仮想現実の友達と現実社会でも友達になれるように、オフ会に積極的に参加してみる。

・自分のこころの奥底に潜む、劣等感・孤独感・自己愛の喪失感・見捨てられ不安などを専門家と相談しながら克服する。

などをおこなうとよい。

また、実行にあたって、他人に対しての不安感があると、必要以上に緊張したり、無理に人に合わせる過剰適応が起こるので、行動の前に大きく一回深呼吸をし、感情をしずめ、自分本来の姿で人と接してみるとよい。自然体の自分で接しても、何にも問題は起きないことを確認し、自信に繋げていこう。もし、問題が起きたとしても多くの場合、自分とは関係ないことが原因だったりすることもあるので、原因を調べ、自分とは関係のないことだったら、悪く物事を捉える陰性感情に支配されないように心掛けよう。

第二章　メディア・リテラシー（media literacy）の問題

携帯電話による出会い系サイトの問題や悪影響を及ぼす様々なメディアに対して、どのような取り組み方をしたらいいいか。ここではマクロの世界で考えていく。

1　メディア・リテラシーとは

メディア・リテラシーとは情報が流通するメディア（媒体）を使いこなす能力のことである。メディアの特性や利用方法を理解し、最適な方法で考えを伝えたり、メディアの情報を取捨選択して活用する能力のことである。インターネットが普及する以前は電話や手紙などの個人的なメディアが中心だった。また、マス・メディアとしての新聞やテレビ・ラジオは一方向性のメディアであり、情報は良くも悪くも一定の編集がなされている。しかし、急激な技術の進歩によりインターネットや携帯電話などの新しいメディアが普及し、双方向性の特色として、情報の発信者が自分にとって都合良く編集して、掲示板やブログなどを使い情報を発信する。

読み手としての受信者がその情報を、自分にとってやはり都合よく解釈し理解して受け取り、様々なトラブルや混乱が多発しだした。そのためにインターネットが普及した今日では、メディアを理解し、適切に利用する能力であるメディア・リテラシーの重要性はますます高まって来ている。

そこで、メディア・リテラシー教育の進んでいるカナダ・バンクーバー市に行き、教育委員会の担当者を訪ねてみた。担当者によると、インターネットが普及したからメディア・リテラシー教育が盛んになったわけではないという。もともとカナダは移民国家であり、様々な民族の人々が集まって暮らしてきており、仲良く暮らすために互いの民族性や文化を大切にするモザイク文化の国になった。単一カラーではなく、多様な色を認め合うモザイク文化の良さを伝承していくために、最低限必要なルールがメディア・リテラシー教育だったのだ。

例えてみると、ある民族が自分の国の民族性や文化について優れたものであるという情報を発信する。民族性や文化について誇りを持っていれば、書き手にとっては自然な表現だが、読み手にとっては不愉快な場合もありうる。しかし、表現の自由を尊重する立場から、書くなとは言えない。そこで一つ指導上の概念を作った。

①情報は編集されたものである。

〝情報〟はありのままの真実では必ずしもないという認識が必要である。

②情報を批判的に読み解く力をつける必要がある。

情報は何が真実でどこが誇張されているのか、読みこなす力（知識）が必要である。

③自己表現力をつける。

情報は活用されて本来の意味を持つ。情報を活用する時は真実の部分だけを利用する能力も求められる。また、それを自由自在に使いこなす表現力が求められる。

この三つの要素を教えるのがメディア・リテラシー教育であり、モザイク文化を育てる基本でもある。様々なメディアによって発信される情報から起こる偏見や差別を、受け取り手が持たないようにするための能力や技術といっていい。

これは空間や時間を飛び越えた国境のないインターネットの世界でも同じことだ。このメディア・リテラシー教育が十分でないと様々な混乱や事件が起きることはいうまでもない。

2　メディア・リテラシーを学校や家庭でどう育てるか

情報化社会では、情報を読み解く力と自己表現力が重要な要素になる。国語の読解力の不足している子どもに対して、先生は「本を読みなさい」と指導する。しかし、単純に本を読みさえすれば、それで力がつくかというとそうでもない。もう少し丁寧に考えると、この子が理解する言葉の数は十分にたりているか、ボキャブラリーは豊富か、文章を読みこなしていくための必要な知識量はあるか、論理的な思考力を持っているか、など文章を読み取るためには総合的な力が必要になる。しかし、文章を「読み解く」となるとこれ以外の力量も必要になる。読み解くためには、何が真実で、どこが誇張されているか、またどこからが情報発信者の意見なのか、などを複層した文章から論理的に分析できなければならない。

何が真実か？

情報は、マスコミだったら新聞社、放送局、出版社などによる綿密な取材をもとに、記者や書き手によって文章化され、マス・メディアのプロの編集者によって編集されている。多くのマス・メディアでは政治的な圧力や意図がない限り、いつ、どこで、何が起こったのかについては大差が現れない。個人情報でも内容がマスコミと附合していれば問題はない。しかし、マスコミで記事になってないものは自分で情報が正しいのか誤っているのかを調べなければならない。情報の正誤は地道な取材によっての確認作業をしなくてはわからない。個人情報でも政治的な圧力や意図がかかる内容の場合は、立花隆さん（注）のように優れた才能とジャーナリストしての力量がない限り、普通の人では無理なので、マスコミ数社の情報を集めて読み比べ、何が政治や権力者の間で起きているのかを分析せざるを得ない。

どこが誇張されているか？

情報の発信者は読み手に分ってもらおうとか、興味をもってもらおうという気持ちから誇張した表現をする場合が多い。また、悪意がある場合、必要以上に危険性を煽ったり、不安に陥れたりして相手を支配し、自分にとって都合の良いように誘導しようとする。マスコミを使ったコマーシャルや広告もこれらのいきすぎが起こらないように（社）日本広告審査機構などが倫理規定を作り自主規制をおこなっている。しかし、個人の発信する情報は、受け取り手自身が誇張なのか、嘘なのか見破らなくてはならない。基本として、実際にあったことを確認した事件や事柄、科学的な裏付けが取れるもの、信頼できる機関が発表した情報や大手新聞社や日本放送協会などの報道機関が宣伝以外で流したニュースなどは、事実として考えても大きな間違いは起こらない。

それ以外の情報は嘘か嘘でないかの見極めは非常に難しいが、受け取り手の常識と知識、分析する論理的な思考力などの総合的な確認能力によって大きな差がでてくる。その意味からもメディア・リテラシー教育の中身は多くの常識や知識の上にある論理的な思考能力をともなう意識教育でもある。

これは論外であるが、麻薬の密売、自殺のすすめ、援助交際という売春行為など、違法や犯罪行為を商売として情報発信をする裏のハローワークさえある。道徳教育だけでなく、違法なのか合法行為なのか、見分ける法的知識を子どもに教える必要もある。

（注）一九四〇年長崎県生まれ。七四年『田中角栄研究　その金脈と人脈』。七九年『日本共産党の研究』で講談社ノンフィクション賞を受賞。我国を代表するジャーナリスト。

3 意識化の難しさ

インターネットは大きな組織や資本を必要とせずに、私達市民が世界に向けて、自分の考えや知っている情報を自由に発信できる人類史上最初の情報ツールともいえる。言論や表現の自由が保障された民主主義社会に最もふさわしい道具でもある。だが、自由だからといって、相手の人権やプライバシーを侵害するような自由はもちろんない。もし、そのような違法行為を犯せば現行法によって処罰される。

情報技術とテクノロジーの進歩によって、私達にもたらされた情報ツールとしてのインターネットはその利便性を守るために、自由についてしっかりと考え意識していかないと両刃の剣にもなる。

誤ったインターネットの利用が人々を傷つけ、犯罪の温床になっていくと、国は権力によって情報の規制をはじめる。それではインターネットの利便性や特質は失われてしまう。地球市民としての言論や表現の自由性を失っては意味がない。国の規制よりも市民一人ひとりの自己規制が、インターネットの世界では何よりもふさわしいと思うのは私だけでないはずだ。私達の暮らす地球には様々な民族がおり、そして、それにともない多くの文化が存在している。たがいの民族性や文化を尊重しあい仲良く平和に暮らし、自然環境を破壊せずに生活していくことが地球市民の最大の原則になる。そのためにはインターネットの持つ利便性と速さが地球市民には欠かせない道具となる。必要なことがメディア・リテラシー教育を推進する啓発活動だ。

メディア・リテラシーは、一つの民族だけが素晴らしい能力を持ち、他の民族は劣等民族とするような誤った考えとしての民族主義的な考えを排除し、モザイク文化のような社会的全体の価値観を共有する考え方であるともいえる。

4　危険性を知らせる啓発事業の大切さ

子ども達にとってインターネットやパソコンは、お絵かき（ペインティング）・ネットゲーム・チャット・掲示板・ホームページ作成など、遊びの世界から拡がった。携帯電話も連絡手段だけではなく、見知らぬ人と数字暗号でメールを交し合うポケベル遊びから発展し、PHS経由で携帯電話に引き継がれた。子どもの世界では、遊びから始まるものは、級友や友達そしてネットの掲示板やチャットで繋がった人を含め、急速に拡がる傾向がいつの時代でもある。

（社）日本PTA全国協議会の二〇〇四年三月の青少年インターネット等に関する調査によると、ネットの利用経験は小学五年生六八・五％、中学二年生八〇・四％だ。携帯電話やPHSの自己保有率は小学五年生一一・一％、中学二年生三四・一％と小中学生でも利用が進み始めている。

二〇〇四年六月に佐世保市で起きた級友による小六女児殺害事件や若者の相次ぐ集団心中事件。掲示板を利用する援助交際などの犯罪行為。ネットや携帯電話が背景にある子どもや若者の事件が多発している。

ネットの特性と子ども

ネットは世界中の人に大量の情報を正確にすばやく伝えるなどの多くの利便性を持っているが、同時に情報の提供者と受け取り手の間にチェック機能がほとんどないので、情報の信憑性を確かめるのは受け取り手自身だ。さらに、モラルについての規制もなく、匿名の無責任から起こる他人や団体・組織を誹謗中傷する発言や露骨な性表現など、青少年にとって危険で有害なサイトも数多く存在する。自由な情報提供や表現活動の裏には同時に危険性も潜んでいる。そのため、ネット利用者は社会常識として多くの知識やしっかりしたモラル感覚が必要だ。

子ども達がネットを使って、所在がはっきりした団体や機関・企業や知っている人のホームページなど見たりメールを交したりしても、相手がウィルスに感染していない限り、全く問題は起こらない。しかし、不特定多数の人達が使う掲示板、チャットには、匿名性の言葉による暴力や脅しが、ネットゲームにはゲームにはまり込み、日常生活が乱れるネット依存の危険性が待ち受けている。

携帯電話やＰＨＳもネットの端末機能を持っているから、いつでもどこでもネットを利用できる利便性がある。それを利用して、出会い系サイトで知り合った人と援助交際をするなど、非行や犯罪の温床にもなっている。携帯電話などは従来の固定式電話と違い、いつでもどこでも使える利便性をもつことから、話し相手やチャット仲間との関係性が、保護者の目の届かないところにいってしまった。

ネットで変わる子どもの心

不特定多数の匿名性の社会という、危険性が高い世界をネットは持っているが、それが子どもにとっては大きな魅力になる。メール相手やサイトの関係が保護者や先生からは見えない秘密の世界が、子ども達にとってはスリリングで刺激的な社会という魅力に満ちた不可視空間での仮想社会を作っている。

さらに、自分の好きなことや興味のあることをネットで検索をし、好きなことや興味のあることが瞬時に提供されるネットサーフィンによって楽しさが増す。自分と同じ趣味の人が大勢いることがわかり嬉しくなると同時に、孤独感はいつの間にかなくなる。そして、見ることだけでは満足できなくなると、掲示板に自分の趣味のことを書き込み、それを読んだ他人から返事がくると、自然に同じ趣味でフィーリングが合う仲間が増え、ネットの仮想社会にこころの居場所ができる。

こころの居場所ができた子どもに、それに対する批判やネットのやりすぎを注意すると、猛反発を招くことがある。ネットゲームにはまりこんでゲーム以外に何もしなくなった人を「ネットゲーム依存」と呼ぶが、その状態の子どもを普通の生活に戻そうとネットの使用を禁止すると、子どもにとってこころの居場所は自分の存在の証明であるとともに、ストレス発散の癒しの場所だったためか、ひどい家庭内暴力が起きることがよくある。

少子化社会で核家族の中で育った子ども達は、小さい頃から異年齢の子どもだけの集団で遊ぶ体験がほとんどなので、人間関係のスキルが充分に育っていない。人間関係のスキルが不充分な子どもは、ストレスを受けやすい。学校生活で受けた人間関係のストレスを発散するのに、ネットは気遣いのいらない世界だから飛び込みやすい。一般的には男の子はネットゲームに、女の子はメールやチャットのコミュニケーションにそれぞれ依存していく傾向が強いようだ。

ネットから子どもを守るために

ネットゲームやチャット、掲示板などを週三回以上やっている子どもや、自分でホームページを開いている子どもが、遅刻したり、授業中に居眠りをしていることが多くなったり、体調不良で保健室への利用が多くなった場合は、深夜までネットを利用していないか、睡眠不足による生活リズムの乱れが起きていないかチェックする必要がある。例え、そのような乱れが起きていなくても、機嫌が悪いことが多かったり、気分の変動が激しかったり、孤独感が強くなったり、家の人と話す時間が少なくなった場合もチェックが必要だ。

もし、ゲームにはまっている場合は保護者と協力して、「ネットゲーム依存」であることを告げる。その子どもが友達の多い場合は、使用時間などの規制をかけても問題はないが、学校で仲の良い友達がいない場合は、ネットがこころの居場所になっている可能性が大きいので、使用に関して規制をかけずに、パソコンやネットを媒体にして教師や級友の配慮で友達づくりをし、現実生活に心の居場所ができるようにすることが大切な要素になる。

子どもが出会い系などの有害サイトやネットゲームで使用する高価なアイテム（武器や防具などの道具）を売買している違法行為をしているサイトを利用する場合もある。そのような場合は保護者に、子どもが何を見ているのか、ネットの履歴をチェックする必要があることを言わなければならない。

不特定多数の人が参加する掲示板やチャットでは匿名の世界が持つ、悪意に満ちた掲示板やホームページあらし、相手を誹謗中傷する行為や言動が日常茶飯事にある。まだ、自我が確立していない子どもの場合、トラブルに巻き込まれて、こころに傷をつけることもあるので充分な注意が必要だ。親はネットやパソコンのことは分からないから子どもに任せてある、ではすまされない時代なのだ。

情報モラル教育について

情報化社会はもうやってきている。現実世界でも相手の立場を考えたり、思いやったりする気持ちが何よりも大切なのだが、ネットの中にある仮想の世界でも同じように大切だ。しかし、大勢の人が見ている前では誰もゴミを捨てなくても、誰も見ていなければ小さなゴミや煙草の吸殻は捨てたくなる誘惑は誰にでもある。匿名社会のネットの世界では、誰も自分のことなんか知らないし、誰も見ていないのだから、相手を誹謗中傷しても誰にも分からないからと、安易な気持ちになることもあると思う。そのために、ネットの世界では強い倫理観が必要になる。そして、それを支えるのが人権教育だと思う。

ネットの世界の人権教育といっても特別のものはない。「私たちが幸せに生きるための権利で、人種や民族、性別を超えた万人に共通した一人ひとりに備わった権利」が人権教育の柱だ。これをネットの世界でも、みんなで大切にしていこうという考え方だ。

匿名社会にハンドルネーム（ネット上の名前）で登場しても、その後ろには人間としてのあなたがいる。ハンドルネームや仮名上の付き合いでも、それは人と人の付き合いには変わりないことを子ども達に充分に理解させる必要がある。

ネットの仮想社会と共存するために

佐世保の事件（注）では、加害者の女児が作ったホームページ上に、仲の良かった友達が書き込んだ内容をめぐってのトラブルが直接のきっかけだった。精神鑑定の結果、精神疾患が見られないが、表現力がやや不足したおとなしい普通の子どもということが分かった。この事件は多くの人に大変な衝撃と教訓を残した。

現在の子育て環境では、人間関係のスキルが充分に育っていない子は多く存在する。それらの子どもは自分の気持ちや感情を言語化して上手に表現できないために、心の中に起こっている様々な感情を押さえ付け、ストレスを溜め込みながら生活している。まわりの先生や親達には一見おとなしい子と映るが、実は悩みを抱えている。

子どもの心に耳を傾けることがやはり大切だ。様々な感情を表現できずにいた子どもが、自分の精一杯の言葉で思いを伝え、真剣に話しを聞いてくれたという思いと、自分の気持ちが伝わったと感じた時、溜飲が下った気持ちになれるはずだ。

子どもにとってネットの世界は未知の魅力に溢れている。それに負けない世界が現実社会の人と人の交わりの中にあることを、心や肌で感じられるくらいの温かさを大人は子どもに与えなければならない。真のこころの居場所は現実世界にあることが実感できれば、このような不幸な事件は二度と起きないと思う。

※4　危険性を知らせる啓発事業の大切さ」は「児童心理」二〇〇五年二月号より

（注）　二〇〇四年、長崎県佐世保市の大久保小学校で小六女児が同級生を学校内で殺害した事件で、ホームページの書き込みが原因とされている。

第三章　インターネットの時代をどう生きるか

1　仮想世界と現実社会の境界線は？

インターネットの普及は凄まじく、先進国はもちろんのこと、中国やアジア諸国でも大きな町の気の利いたホテルでは、常時接続が可能な時代に入ってきている。日本との情報のやり取りを必要な時に瞬時にできる便利さは、十年位前にはとても考えられなかったことだ。個人情報から日本の政治・経済・事件・スポーツ等まで、あたりまえだが日本にいるのと変わらずに情報を見ることができる。日本の情報に飢えている海外にいる日本人にとっては大変ありがたい。日本人の旅行者や在留邦人が少ない国のホテルでは、ＮＨＫの衛星放送と契約していない場合が多い。そんな時でも、ＣＮＮやＡＢＣでは入らない、お気に入りの日本プロ野球チームの情報がインターネットで入るので、私にとってノート型パソコンと電圧変換器は欠かせないアイテムになっている。

スポーツの結果や政治・株価・事件などは現実社会の情報である。特に情報の発信者が通信社や新聞社ならば、その情報の真実性は高い。一方、ノンフィクション以外の小説は、例え新聞社の連載でも、誰も現実の話とは受け取らず、現実に近い仮想の話として理解して読んでいる。

インターネットがない時代でも、活字の世界には仮想と現実があった。人々は終戦直後、活字や情報に飢えていた。その後、ラジオや新聞によって情報が普及し、テレビ時代になってから情報の飽和時代になっていった。それでも、新聞依存やラジオ依存・テレビ依存などの言葉はなかった。せいぜい、テレビ好きで終わっていた。

インターネットの世界にだけ、なぜ依存は起こったのか。

インターネットは情報の受け取り手が発信者にもなれる双方向性が最大の特徴である。物質依存であるアルコール中毒・ニコチン中毒・薬物中毒などは、飲む、吸う、打つ・吸引するから中毒になる。一方、行為依存と呼ばれる買い物依存・仕事依存・セックス依存なども、買い過ぎるから、仕事をし過ぎるから、さびしくて不特定の人と性交するからなど、参加や行為をするから起こる。インターネット依存も参加できる双方向性だから起こるのではないだろうか。

メディアの形態が見る、読むだけの観客型から、自分も主体的に参加する出演型に変化したことにより、依存が起こる条件が整う。インターネットの中でも参加できる代表的なものが、掲示板を使ってのチャットやネットゲームである。チャットやネットゲームはインターネットの中に人工的に作られた仮想空間で精神的に遊ぶ。匿名の世界だから現実生活を持ち込む必要はない。空想の中で不特定多数の人と遊ぶ。責任を取る必要は誰にもない。

その自由さや気楽さが精神的な共有化を生む。現実社会のようなしがらみを持たずにハンドルネームやキャラクターネームで仮想現実での人間関係が生まれる。しがらみがないだけ、理想郷に近い世界が仮想社会にできる。この仮想世界を作り上げている参加者同士の相互依存からネット依存が起きるのではないだろうか。化学物質が中毒を引き起こす依存症と違い、仮想現実は想像の中で遊ぶ、極めて高度に発達した知能を持っている人間だけができる現象だともいえる。それらの共有化の表れとしての仮想現実がネットゲームであり、掲示板のチャットでもある。そこで知り合ったもの同士が現実社会で会うことをオフ会と呼ぶ。参加者同士は本名を名乗らず、お互いにキャラクターネームやハンドルネームで呼び合う。ゲーム内の仮想現実の話と「会費は割り勘だよ」という現実社会がオフ会では交差する。どこまでが現実でどこからが仮想現実の話なのかは、話の内容によってスイッチが自然に切り替わる。

スイッチを切り替えることができる人は、仮想現実と現実社会の区別ができる人で、問題は起らない。問題なのは、現実社会が狭まり、仮想現実だけが全てになり、仮想現実のできごとを現実世界に持ち込んでしまい、刺激に対し無意識に反射的に行動を起こすことだ。

そのような条件から考えて、不登校やひきこもりの人が現実生活での人とのかかわりをもたずに、ネットの仮想現実に依存することは大変危険なことだといえる。

2　テレビっ子とITっ子の違い

一九六〇年代の古い話だが、テレビが家庭に普及し、テレビに夢中になっている自分の子どもを揶揄して「テレビばっかり見ていると、そのうち、お目々が溶けちゃうよ」と言った。そう言われて育った子ども達を、教育評論家がテレビっ子と名づけた。テレビは情報や番組を放送局からお茶の間へ、一方向性で流すメディアである。テレビを見ている人は情報を受け取るだけで、放送局に電話などの他のメディアを使わない限り双方向性にはならない。だから、情報の発信者と受け取り手の間には距離があった。

テレビっ子はテレビの影響を一方的に受けた子で、受身の子でもある。多くの情報を知っていたが、いざ自分が行動するとなると別の問題だった。

その点、インターネットに夢中になる子を名づけて、ITっ子とするならば、双方性の子、つまり情報の受け手であると同時に発信者でもある。メディアを作り出す創作者にもなるということになる。それも匿名社会で仮想現実のことかと考えがちだが、韓国のノ・ムヒョン大統領が世界最大のウェブ新聞「Oh-MY, NEWS」で支持され選ばれたことは有名な話であり、仮想現実が現実社会に影響を及ぼす力を持つことを証明する象徴的な話である。

ITっ子は環境問題などでも世界中の人々と連帯を深め、環境破壊に対しては世界中の人達が連携して抗議行動のデモの波を世界中の大きな町で作り出したこともあった。二〇〇五年に起きた中国の反日デモはインターネットの情報を通じて広がった。仮想現実から現実社会への働きかけ、現実社会で起きた事柄を一般市民や市民を装った政治的な扇動者が情報を仮想現実に再び発信し、運動が拡大していく時代でもある。これらは瞬時にできる双方向性の技術の産物以外の何物でもない。

テレビっ子は情報を管理され、体制にとって都合の良い情報だけを流され、それだけを信じることによって一億総白痴化現象を生み出すが、ＩＴっ子は自分達で情報を送受信できるので時代を大きく変化させる力を持っている。しかし一方、地球市民一人ひとりがメディア・リテラシーを持っていないと混乱した社会になることも充分に考えられる。

人間が作り出したインターネットの利便性を充分に活用し、世界中の人々が平和で幸福な世界を築くために、ヒューマニズムを基盤にしたメディア・リテラシーを含めての知力を発揮させる必要がある。

3 自主規制や自己制限できるとはどういうことか？

知と情報の集積でもあり、エンターテインメントの総凝縮でもあるインターネットは人々にとって好奇心に満ち溢れた世界である。その魅力に溺れて、最近インターネット依存になる人も増えてきている。ネット依存になると、時間が奪われ、睡眠時間が短くなり、仕事や勉強の能力が低下し、不注意な行動が多くなり、その結果、事故を招き健康を害するという思わぬことになる可能性がある。

煙草、アルコール、または中枢神経興奮作用をもつ覚醒アミン（アンフェタミン、コカイン）などの様々な覚醒剤中毒のような薬物依存症とは性質が違うが、買い物依存、セックス依存、仕事依存等と同じ依存の仲間と考えてよい。前者は危険についての警告や教育的な啓蒙活動が行われるが、後者は病的というよりも心理的な側面が大きいために、破滅的に追い詰められないと問題として浮上してこない。

現実社会で豊かな人間関係がある人は、寂しさや孤独感をそれほど感じないでいるので、インターネットなどの仮想社会に心理的な依存をしていくことは少ない。

現代の社会環境は、都市生活する若者はひとり暮らしが多く、まして短期間で職場が変わる派遣社員や契約社員の人達は、現実社会で人間関係を築きにくい環境でもある。学生時代からの友人が多くいる人は問題がないが、時が移れば友も変わるという現代のさっぱりとした人間関係では、誰でもが危険な状況にあるともいえる。

当事者は意識していないが、潜在意識の中にある孤独感や寂しいという感情を埋め合わせるために、仮想現実のインターネットの世界に入っていく。そこには同じような感情を持った多くの匿名の人達がいる。感情を共有化しやすい環境の中で、匿名社会の気楽さもあって、すぐに心がうち解け合うのにそれほどの時間はいらない。仮想現実での人間関係ができると、孤独感や寂しいという感覚は遠のき、かわりに充足感に満たされる。そして、生活の中心がインターネットの仮想現実になってくると、もう立派なネット依存といえる。

現実社会と仮想現実のバランスを取るのが、自己規制や自己制限する心だ。「酒を飲んでも、飲まれるな」と同じように「インターネットをやっても、やりすぎるな」という感覚がないと危険だ。

そこで自己規制や自己制限を高めるにはどうしたらよいかを考えてみたい。

・パソコンやインターネットを良く使う人は、一日一回は戸外で運動をする（散歩、ジョギング、水泳など何でもよい）。
・食事はひとりで食べる個食を避け、家族や他の人と一緒におしゃべりをしながら楽しく食べる。

・インターネットをしていても、一時間に一度はティータイムをとる。

・十八歳以下の人は、インターネットは居間でやる（自分の部屋ではやらない、やらせない）。

・現実社会で仲間と一緒にやるスポーツやアウトドアの趣味を持つことができるように心がける。

・パーティーや飲み会（成年者の場合）などに積極的に参加をする。

・インターネットをやる時間を自分であらかじめ「何時から何時まで」と決めてからやる。守れない時は自分自身でペナルティを決める。それもできない時は「自己規制ができない」と自己認識し、インターネットは仕事や勉強以外にやらないと決める。

・チャットを長時間やっている人で、チャット相手が現実社会でもつきあいがある人なら問題はないが、インターネットで知り合い現実社会での繋がりがない人を相手にしている場合は、「なぜ、長時間その人とチャットをしているのか」を考えてみる。もし、自分も相手も寂しさや孤独の埋め合わせをしているようだったら、仮想社会ではなく、現実社会でそれらが埋め合わせできるような方法を考えてみる。

・チャットにはまりこむのはコミュニケーション依存の仲間であり、チャットを長時間おこなうのは、現実世界の人間関係が精神的に満たされていない現われという認識を持ち、現実生活の人間関係をもっと豊かに大切なものにしていく必要がある。

・チャットやゲーム等の趣味でインターネットを使うのは、一日二時間以内を限度にする。
・ネットゲームやチャットを長くおこなうと依存になることを皆が認識する。

携帯電話も次世代機から高速化が進み、光やＡＤＳＬ並みの速さで大量に情報が送られるようになり、端末機としてネットゲームやテレビ会議が可能になる。いつでもどこでも、今の通信環境の整ったパソコン並みに使えるようになり、一層の便利さを私達は手に入れることが可能になるが、同時に自己規制力がないとネット依存の人が増えていく可能性が非常に高い。

4　インターネット時代の子育ては価値観の柔軟性から始まる

核家族が増え、少子化が進む中、地域の子育て仲間も少なく、地域社会が崩壊しつつある環境での子育ては、全てのことを夫婦二人でしなければならない大変な状況になっている。国が子育て支援をさらに充実していかなければ、現在の全国出生率一・二五が東京都の〇・九八並みになる日も近い（資料：厚生労働省「平成十七年人口動態統計」より）。

仕事の都合で大きな町に住み、地域での人間関係の繋がりもなく、孤独で不安な気持ちで一人っ子の子育てをしている若い夫婦の姿が眼に浮かぶ。孤独で不安な気持ちで子育てをするのは、母子ともに精神衛生上良くない。

近所には子育て仲間もいなければ友達もいない。両親は遠い故郷にいる。長電話をすると料金がかさむが、定額料金のインターネットならば、いくら使っても同じ料金。つい子育て相談をするために掲示板のチャットを使い始めてみる。さらに分からないことがあれば、インターネットで検索にかけてみる。情報はたくさん入ってくる。子育て仲間も掲示板のチャットで増えていく。こんな風景は日本中どこにでもある。たくさんの情報の中で何が信用できて何ができないのかの判断は、その人の情報選択能力によって変わる。国内だけでも価値観の多様化の時代といわれ、さらにインターネットの世界では国境がないから、文化が違う外国の子育ての情報も入ってくる。

子育て中の若い母親には、祖母や母を通して受け継がれた子育てのスキルは伝承されずに、新たな情報洪水に支配された中で孤独な子育てが始まる。このような環境で子どもを育てても人間関係の面で未熟な子に育つ可能性が高い。インターネットの情報も良いが、地域の保健師さんや保育所の保育士さん、児童館にいる職員や専門家を活用してみよう。現実生活の中での人とのふれあいや、子育てサークルに入り、お母さんも赤ちゃんも子どもも地域の仲間の中に積極的に飛び込んで行く気持ちが何よりも大切だ。インターネットでの情報と現実社会での情報をミックスして、自分の子育て知識を増やしていく価値観の柔軟性がとても大切な時代になる。

現代の日本は、地域社会での人間関係が希薄で、子育て力や教育力が不足している。このような社会では親が子どもを抱え込んで孤立無援で子どもを育てなければならない。子育て環境が悪化した社会で親が学歴だけにこだわる硬直化した価値観に縛られ、柔軟性がないと、子どもは人間関係力や社会性が育たず、不登校・ひきこもり・ニートになっていく可能性は非常に高い。

地域社会を再生させ、安心して子育てが出来る環境を早急に国と市民が作らなければ、少子化社会に歯止めが掛からず、国の存亡も怪しくなる。

5　ネット依存者の多い国は

ネット依存が問題になり治療にのり出している国は、アメリカ合衆国と韓国、中国だ。日本にも多くのネット依存が存在するが、ネット依存者が重大事件を引き起こしていないからまだ社会問題にはなっていない。本来は事件が起こる前に予防処置がとられるべきであるのだが、日本ではどんな社会問題でも事件が起きてから対処がはじまる。

韓国や中国で問題になっているネット依存の問題は主にオンラインゲームだ。子どもの問題で共通するのは、特殊出生率の低下が一九八〇年代半ばより続いていることだ。中国ではひとりっこ政策がとられるようになった時期だが、韓国や日本でもこの頃から出生率二・〇を割り、二〇〇五年の統計では韓国一・〇八で日本一・二五と世界一、二の出生率の低さになっている。

これらの国では、核家族化が進みひとりっ子の子どもが帰宅しても両親は共働きで家にはいない、経済的には豊かになったから家庭にはブロードバンドで繋がるパソコンが普及した、子どもにストレスのかかる受験競争がある、などの共通項目がある。

同じような状況はEU諸国にもあるが、私が視察したイタリア、フランス、イギリス、ドイツでは、ネット依存はそれほど大きな問題にはなっていない。実際にインターネットカフェに行っても子どもの姿はあまり見かけないし、学校や職場で子どもや若者にインタビューしてみても「友達とサッカーしている方が楽しい」「インターネットゲームはやっても、せいぜい三十分位だよ。家族と出かけたり話していることの方が楽しい」「漫画やアニメには興味があるが、ゲームには興味はない。地域奉仕のボランティア活動の方が色々な人に会えて楽しい」などの答えが返ってくる。

それらの国では、市民が暮らす大都市以外の街では、地域社会が崩壊せずに残っている。人と人の暮らしのネットワークがいきづいている。街で見守りながらみんなで子育てをしていく雰囲気が残され、自分たちが後世に残しておきたい遺産や文化も明確にある。また、自分の家族の三世代前の曽祖父や曾祖母のことは、どんな人でどのようなことをやっていたのかを知っている。大人は自分の子どもに伝えるべきことがらや文化を伝えている。

その点、日本、韓国、中国は誇りある文化や歴史、民族性を持ちながらも、時代の流れの速さに流され、大人が子どもに伝えるべき文化や民族意識を伝えていないためか、しっかりした共通の価値観や哲学を持てていない。時代に流されコマーシャルベースにのせられた結果として、ネット依存になったのではないか。

無論、アメリカ合衆国には、ヨーロッパの国のような伝統的な歴史もなく、移民国家なので独自の民族性もない。今ある経済力や政治力・軍事力にものをいわせるといった近代合理主義的な価値観にたよるアメリカ合衆国の姿がある。

時代に流され経済的に豊かになりつつあるアジアの国である韓国と中国、そして日本。これらの国々の若者や子どもにネット依存が起きている。文化や民族性を見失い独自の価値観を持てぬアジアの若者達。一方、アメリカでは力の誇示としての合理性で生きようとする無理が、ひとつの背景にあるかもしれない。

前者にゲーム依存が多く見られるのに対し、後者にはチャット、ポルノ写真、オンラインショッピング、メールなどのネット依存が多いという違いがあるが、刹那や欲望に生きるということでは本質的には同じだ。

6　ネット依存に対する各国の取組み

中国

北京市に中国初のネット依存症診療所が二〇〇六年から開所した。ネット依存と診断された人は、生活リズムが乱れ、不眠、体重減少、意気消沈、緊迫感、恐怖感、対人恐怖症、手のふるえ、感覚麻痺などの症状がある。

診療所が設けられた北京市の中心部にある北京軍区総院の一フロアに、医師十一人の他、十数人の看護士が診療にあたる。医師は、「毎日オンラインゲームやチャットに夢中になるあまり、学校へ行かなくなったケースがほとんど」と説明する。

中国のインターネットユーザー数は約九四〇〇万人。中国政府は企業や教育分野におけるインターネット活用を推進する一方、「インターネットカフェがモラルの低下を招いている」として、インターネットカフェの取締りを強化してきた。

患者には、親に強制的に連れてこられた人も多い。患者の多くは、「インターネットをしていると、毎日の緊張感や両親から受けるストレスから解放される」という。治療期間は一般的に十〜十五日程度で、治療費用は一日四八ドル（約五四〇〇円）。中国の物価水準からすると非常に高い額だ。専門家は、ネチズンの増加にともなってインターネットに依存する人の数も増加していくとみている。だが、「インターネットがなければ、別の何かに依存するようになるものだ」として、「青少年がそれぞれの問題を抱えるのは当然のことで、周囲が過度に心配する必要はない」と呼びかけている。

（二〇〇六年七月五日、中国情報局ニュース）

韓国

青少年のインターネット依存症治療をおこなう「デジタルリーダーキャンプ」が一〇日から三日間、江原道の国立平昌青少年修練院で開催される。国家青少年委員会が九日に明らかにした。

インターネット依存症治療に向けたキャンプは、国内では初めて。大韓青少年精神医学会との共同主管で、治療協力病院の専門医らが参加し心理劇や社会劇などのプログラムが進められる。

今回のキャンプには、協力病院専門医による推薦と、委員会ホームページを通じた申込者が参加する。十一月にはインターネット依存症に悩む青少年を抱えている家族を対象にした家族治療キャンプも開催する計画だ。

（ソウル、二〇〇六年八月九日、聯合）

アメリカ合衆国

中国や韓国がとっているような入院やキャンプとしての形態は取らないが、インターネット依存に特化したセラピストを中心にしたサポートグループがある。これらのグループはもともと、アルコール依存、薬物依存などの依存症を治療するグループであり、自己規制を高めていく方法や投薬による治療などをおこなって、一定の効果をあげてはいる。しかし、宿泊対応をしてインターネットから一時的にも引き離すなどの制限を加えていないので限界がある。

いずれにせよ各国とも「ネット依存」への治療は始まったばかりであり手探り状態だ。手探りでも臨床を続けていく限り解決の道は必ず開けていき、インターネットとの共存は可能となる。日本でも本格的な治療を始める必要性がある。

7　親子関係の絆として、インターネットの活用を考える

自制心が弱くなったネット依存の子どもをネットから切り離そうと無理やりやめさせたら、親子関係が悪化するばかりになってしまう。それに現在は、インターネットは危険なものと考え、否定したり拒否したりしたら、勉強も仕事もできない時代になってきている。それよりもインターネットを親子のコミュニケーションの道具として使った方がよいのではないだろうか。ここで実際の事例を通して考えてみることにしよう。

事例　麗奈（高二・十六歳）

麗奈にとっては、私立進学女子校に通う毎日がつまらなかった。学校はカトリック系で校則と勉強が厳しく、経済的にも比較的恵まれた同じような環境で育ち、中学から入学した少数の子ども達と六年間過ごさなければならない生活は苦痛でしかなかった。公立校に通う子のようにボーイフレンドを作って遊びたいと思うが、知り合う機会がなかった。また、例え知り合っても、両親から異性との交際は固く禁じられていた。そんな生活をおくる麗奈にとって、インターネットは世の中の刺激的な情報を入手する唯一の手段だった。インターネッ

トの情報や掲示板への書き込みと、それに対する意見や反応は麗奈にとっては非常にエキサイティングなものだった。

彼女にとってインターネットは苦痛な毎日に花を添え、仮想社会から来る様々なメッセージは元気になる源だった。しかし、勉強と校則などで縛られた現実社会と、インターネットの中にある仮想社会は、毎日の生活では直接結びつくことはなかった。インターネットの情報や意見・案内は現実社会の反映ではあるが、あくまで自分の生活とはかけ離れた別世界のことのような気がしていた。

そんな意識を変えた出来事が起きたのは、二年生になる春休みのことだった。麗奈は時間潰しに部屋でインターネットの掲示板の書き込みを見ていた。そこに偶然、同じような学校環境にある女子高生の学校に対する不満や自分の生活についての書き込みを発見した。その掲示板では、その女子高生の学校に対する不満について、同世代の高校生の意見や感想が述べられていた。意見は勉強や校則が厳しすぎるとするというものと、反対に自由に高校生活を楽しんでいるという二つに分かれていた。

以前にテレビで同世代の人が同じような意見を討論し合う番組を見たことあるが、相手の注目を引くためか戦術なのかわからないが、誇張した言い方やあり得ないようなことを言う子がいたりしてピンと来なかった。しかし、掲示板の書き込みではみんな素直に学校生活への不満や不自由さについて述べていて、そんな不満を何一つ解決できない自分の不甲斐なさについての書き込みをする子もいた。

また、学校生活に対しての不満から高校をやめ、ファストフードでバイトしながら大検を取ろうとしている子の書き込みもあった。その子は世の中の人の差別意識にあったり、軽はずみに高校を止めるのは我慢が足りないからだなどの意見を受け、最初は反論していたが、そのうち馬鹿馬鹿しくなった。でも、今になったら、高校をやめたことを少し後悔している気持ちがある、という。

それらの意見を読むと、麗奈の感情にはスーッと入って来るようなものもある。掲示板でみんな本当の自分をさらけ出している。テレビではなく、インターネットの匿名性の自由さがあるから言えるのだろう。同じような考えや気持ちを持つ高校生がすぐ近くにいる。みんな悩んでいるんだ。そう思うと、現実社会と仮想社会の近さを感じた。仮想社会も現実生活の反映でしかない。仮想社会にもリアルはある。もしかしたら、自分の気持ちを誰かが受け止めてくれる本当のリアルな世界があるかもしれないと思った。


私もＵＮＯさん（最初の投稿者）と同じような女子校に通う高二です。もう四年間も勉強や校則に縛られてきました。中高一貫校なので同じメンツで、惰性というか何にも変わらない刺激のない毎日が続くだけです。高二なので、あと一年間我慢すればいいのですが、自分の青春時代がこんな退屈な日々で終わってしまうのかと思うと虚しい気持ちにもなります。

高校野球や国立を目指してのサッカー、インターハイなどのあるスポーツ選手が羨ましくなります。親は一流大学に入ることを目標に受験勉強に燃える青春でもいいじゃないと言うのですが、本当にそれでいいのかと思います。受験勉強に燃えるだけでは、その後大学に入ってバーンアウトになった先輩方を見ているからです。先輩と話しても受験についての情報や勉強に関するテクニックについては詳しいのですが、自分がこれからどう生きていくのかや、現実生活に必要な知識というか、自分自身が考えて身につけた知識は感じられず、借り物の知識、調べればわかるようなことばかり覚えています。そんな知識は応用が利かないし、そのうち、暗記なんて忘れてしまうのではないかと不安になります。

受験をめざして勉強しなければならないこの時期に、こんなことを考えている私は受験生としては落ちこぼれかもしれません。でも、自分の気持ちをコントロールできないほどになっているのに、学校でも家でも相談する相手がいません。例え誰かに相談しても、笑われるか、そんなことを考えている暇があったら数学の問題でも解いたほうが時間の無駄にならないと説教されるだけだと思います。自分の人生だから自分なりにしっかりと考えて生きたいと思っているのです。でも、現実生活ではそれもできないのは、何か変だと思いませんか？　それとも自分が変なのでしょうか？

彼女の投稿に対して多くの返事が寄せられた。その返事の大半は同じ高校生からのものであり、自分と似たような状況で、同じようなことを考えているというような内容であった。麗奈にとって、悩みを共有できる高校生がこんなに大勢いるとは驚きだった。その内の何人かとメル友になった。お互いに知らない人とメールで悩みをぶつけ合う、現実社会の経験が少ない者同士が悩みながら生きる高校生の現実の姿がそこにはあった。みんな同じような悩みを持っている。親にも教師にも誰にも相談できない真剣な青春時代の悩みがあった。学校の級友とは決してしない〝人生をどう生きるか〟の真面目な話。

以前、京都にいる父方のお爺ちゃんに、「お爺ちゃんの学生時代は〝人生とは何か〟〝青春時代をどう生きるか〟〝愛について〟〝異性の親友は存在するか〟等を、喫茶店のコーヒー一杯で友と良く語り合ったものだ。あなたの父親の時代は受験、受験でそんなことをしている暇がなかったようだけれど、麗奈の学校はエスカレーターのような学校だからするのかい」と、自分の青春時代を懐かしむように質問されたことがあった。その時、麗奈は正直言って、お爺ちゃんの青春時代が羨ましかった。自分にもそんな友達がいれば、楽しいのに。

でも、例えいたとしても、みんなそんな話は絶対にしない。みんなの話は、芸能人の話や、朝、同じ電車に乗り合わせる他校の男の子の話等、麗奈にとってはどうでもいい低俗な話ばかりだ。真面目な話をしても、「暗いね」の言葉で片づけられてしまう。

しかし、インターネットで出会った見ず知らずのメル友達は違っていた。全く知らない人ばかりだけれど、同じ悩みを持つ、こころから共感できる人達ばかりだ。自分と同じ悩みを持つ人がいる。お爺ちゃんが青春時代、喫茶店でやっていたような会話をメールでやっている。お爺ちゃん達は親しい友人同士でしていたことを、私は見知らぬ人の間でやっているところが違うけれど、私達の時代の人間関係ではリアルの世界で真面目な話をすると嫌われるし、みんなもっと軽いノリの話しかしない。

最近、メールばかりしている麗奈を母親は不審に思い、きいてきた。

「麗奈、誰とメールしているの？　クラスの友達？」

「ううん、違うよ」

「じゃあ、誰なの？」

「インターネットで知り合った知らない人達よ」

「そんな知らない人とメールしあって大丈夫なの？　危なくない？　最近、メールで知り合った人に殺されたりする事件が多く起っているから、そんなことやめなさい。ママは心配だわ」

「そんな人たちじゃないよ。ママが心配する必要なんてないよ」

「相手は男の人なの？　どんな人、高校生なの？　どこの学校の高校生？」

「だから、わからないって言ったでしょ。男なのか女なのか分からないし、名前も、学生なのか社会人なのかもわからない。どこに住んでいるのかもわからない。外国人なのか日本人なのかもわからない。わかることは、その人達のメールアドレスと心の悩みだけだよ」

「ええ、それどういうこと？　ママには理解できない。その人達はカウンセラーなの」

「多分、カウンセラーではないわ。普通の人よ」

「そんな、メチャクチャな話ありますか。危ない宗教の人や犯罪目的の人だったらどうするの。もうやめなさい」

「やめないわ。とってもいい人たちよ。私にとっては、気持ちや考えを共感できる最高の人たちだわ。心の支えになっている家族と同じくらい大切な存在よ」

「麗奈さん、冷静になってちょうだい、あなたがその人達とメールを始めてからどれくらい経ったの？」

「二ヶ月位かな？」

「そうよね、お母さんが変だなと思ったのもその頃だから。でも、会ったこともない人達と二ヶ月間メールしているだけで、家族と同じくらいの〝心の支え〟になっているってどういうことかしら、お母さんには理解できないわ」

「みんな、どこの誰かも分らないけれどとっても良い人たちよ。自分の人生を真面目に考えている人たちよ。お母さんが心配しているような、危険な宗教に誘うような人もいない。町を一人で歩いている時に色々な勧誘に来る人やナンパの人達より安全で、相手を陥れてやろうと考えている人なんていないし、そんなメール来たことないよ。現実社会の方が、私にとっては嘘や偽りの世界で危険に見えるよ」

「あなたは一体何をメールしているの。お母さんにちょっとだけ見せて」

「いくらお母さんでも、それはプライバシー侵害だよ。絶対に見せない。もう子どもじゃないんだから、いちいちお母さんに考えたことや思っていることを報告しなければいけないなんてことはないはずだわ」

「お母さんは麗奈が心配だから言っているのよ」

「お母さんの心配はありがたいけれど、たぶん、内容を言っても、お母さんやお父さんには理解できないと思う。京都のお爺ちゃんならば、分るかもしれないけれどね」

「それ、どういうことなの」

「お父さんやお母さんの時代の人は損得勘定で判断し、先生や親に言われればそれに従って生きてきた。今の時代もほとんどの子はそう、いや、もっと考えない。でも、お爺ちゃんから自分たちの時代は違っていたと聞いたことがあったし、本でも読んだことがある。損得勘定よりももっと高尚なこと、ちょっと感じが違うかな、言葉を代えて言うならば、もっと人生の本質的なことについて考えているのよ」

「そんな、お父さんやお母さん達は高尚じゃないとでもいうの？　お爺さんは確かに京大卒でインテリだけれども、お父さんやお母さんは私大出よ」

「そんな、学歴のことを言っていないわ。時代が違うということなのよ。お爺ちゃんの頃はエリートが大学に行く。お母さんの頃は、いい大学を出れば、大きな会社に入れ、幸せな暮らしができる。でも、私たちの時代は半分以上の人が大学に行く。大学を出ても、世の中にはそんなにホワイトカラーの仕事なんてない。それどころか、その日暮らしの派遣か契約社員。夢も希望もないから、自分の人生をどう生きようか悩んでいる。でも、学校の友達に話しても『ネガティブだね、嫌われるよ』と言われ、おしまいになる。インターネットの掲示板に書いたら同じような悩みの人が声をかけてくれた。その中で安心できる人だけを選んでメール交換しているの」

「でも、メールに時間を取られていたら、勉強時間がなくなるじゃないの」

「お母さんの世代はそういう考えだから、ダメになったということがわからないの？」

「勉強はいつの時代にも必要でしょ？」

「勉強にも、学校の勉強、人生の勉強、社会で役立つ勉強、色々あるのよ。学校の勉強だけが全てではないわ」

「そんなことといっても、良い大学を出なければ他人は相手にしてくれないのよ。社会はそんなに甘くないのよ」

「お母さん、私は勉強したくないからメールをして逃げているのではないのよ。勉強はちゃんとしているわ。私がしているメル友もみんなそうだよ。そこまで言うなら、お母さんに過去のメールのやり取りを全部見せるから、そのかわり、お母さんの人生哲学を聞かせてよ。自分で考えた答えを出してくれるならね」
母親は二日間かけて、メールを全て読んだ。そして、一週間ほど沈黙の人になってしまった。そして、麗奈に手紙を書いた。

麗奈さんへ
麗奈に勧められてメールを読んでみました。最初は正直いって義務感から読み始めたのですが、すぐに夢中になって、時間も忘れて読んでしまいました。初めは遊びで知らない人とメール交換をしていると思っていたのですが、本音で自分の人生をみんな考えている。自分の性格や将来の仕事のこと、人間関係、親のこと、思春期の悩みを真正面から考え、生きていこうとしている姿勢に感動さえ覚えてしまった。お母さんはもっといい加減に生きてきたから、思わず反省してしまった。麗奈ぐらいの時に、もっと真剣に「自分の人生」のことを考えていたら、もっと違っていたのかもしれないと思ってしまった。
思春期に「自分の人生をこれからどう生きるのか」という大きなテーマについて、あなた方みたいに悩み、お互いに率直な意見を交換し合うのは、とっても素晴らしいことだとお母さんは思っているわ。あなたは見知らぬ良いお友達（メル友）に恵まれて幸せな人ね。
お母さん、あなたが何を考えているか、いつ頃から分からなくなったのか、ずっと前から考えていたけれど、あなたが中学に入学してから、もう正直いって、あなたが私の前から、霧に包まれるように、うっすらと見えなくなっていったことがわかった。あなたがわからなくなるのが怖くて、管理し、支配しようとしていたわ。そしたら、あなたはさらに遠くに姿が見えなくなっていってしまった。あなたから見れば、親離れ、自立だったのね。もしかしたら、お母さんの方が子離れできない子どもなのかもしれないと反省しているわ。いつまでも、いつまでも、あなたが私にまとわりつく、子どものようなつもりでいてはいけないのね。私は何も成長していなくて、あなただけが大人になっていく。あなたを完全に支配できた幼児期に心の中で留めようとしていたことが良くわかった。私のしたことは本当に許せない行為だったのかもしれませんね。

お母さん、今からでも成長できるかしら。お母さんも成長できるようにメル友を探します。

何時までもあなたのお母さんでいることをお許しください。

母

8　情報社会を生きる子どもを育てる

インターネットは未来に開かれた情報のツールであり、その利便性は世界の人たちを情報ネットで身近に結びつけることができる。速さ、正確性、情報量などの利便性だけで考えると、非常に優れたものといえる。

「おじいさんのランプ」（新見南吉・作）という物語が昔、教科書に載っていた。村に電気が引かれるとランプが売れなくなるので、村に電線が引かれることに反対したお爺さんの話だ。インターネットの負の部分を感じたからといって、インターネットそのものに反対していたら、現代版おじいさんのランプの主人公になりかねない。インターネットの負の部分のネット依存について、ごく最近、ようやく問題になってきている状況だから、多くの人はまだピンときていない。負の部分に気をつけて、利便性を生かしていくためには、メディア・リテラシー教育が大切だ。

メディア・リテラシーについては二章で述べているので、ここではインターネットと子育てについて考えたい。はじめにネット依存になった子どもについて考えてみたいと思う。

ネット依存になった子どもは次のことがあてはまる。

①幼い頃からテレビでアニメや仮面ライダーなど戦闘ものを見るのが好き。
②ひとり遊びの方が好き。
③外遊びよりも室内遊びが好き。
④テレビゲームを含め電子ゲームが好き。
⑤遊び友達は少ないが、ゲーム好きの仲間が何人かいる。
⑥兄弟の数は少ない。
などの特徴があり、特別な子どもというより、ごく普通の子どもといえる。

親の特徴として
①インターネットの世界に無関心だが、自宅にネット環境は整っている。あるいはテレビゲームやインターネット、パソコン好きで自宅に最新の機材をそろえている。
②共働きで子どもだけで留守番をさせていることが多い。
③親戚や友人が家に出入りすることがほとんどない。
④家族内でのコミュケーションが少なく、家族そろって出かけたりすることは少ない。
⑤子どもがパソコンやインターネットで何をしているかわからないことが多い。
⑥携帯電話を家族のみんなが持っている。
⑦大きな問題が生じない限り、家族間で互いに干渉しないことがベストだと思っている。

テレビが一般に普及し始めた時、長時間見ていると眼が悪くなるからと、家庭でも時間制限をした。また、子どもにとって教育上良くない番組を追放するなどの様々な議論が起きた。テレビは情報の発信者が放送局だけだから、片端からチャンネルを回して見れば、何を放送しているか一目瞭然だったので、話題になりやすかった。しかし、インターネットの場合は情報の発信者がインターネット利用者全てといってもおかしくない。無数の情報発信者と受信者、保護者がその全てを確認することは不可能だ。だから、テレビのように話題が大きく広がることはなく、愛好者の間でうわさが広まる程度なので世論を形成しにくい。テレビの話題は拡散性が高いが、インターネットは趣味を同じくする愛好家同士が深く情報をやり取りしているので、テレビに比べ話題の広がりは低い。その分、監視が行き届かないから、出会い系や自殺・エロ・裏のハローワークなど様々な反社会的なサイトが生まれてくる。

そのような状況の中で、「子どもの自由に任せている」では困る。子どもがどんな事に興味を持ち、インターネットを利用しているのか知っておくのも、情報化社会を生きる保護者としての義務である。そのためにも、親自身がインターネットを知ることが大切である。

ネットで様々なことを検索してみよう。音信不通になった小中学生時代の同級生のフルネームを検索欄に書き込んでみよう。もしかして消息がわかるかも知れない。あるいは、作ってみたい料理名を入れてみよう。料理のレシピがわかり、さらに盛り付けの仕方まで写真でわかるかも知れない。インターネットは情報の玉手箱であることがすぐにわかる。有益なもの、有害なものの区別は利用者の見識や興味、求めるものによって、おのずと違ってくるはずだ。インターネットは規制も国境もない世界だ。善悪も、真偽も、利用者の良識に左右される。そういう意味ではインターネットは人間の表裏をうつす鏡ともいえる。

インターネットは人間にとっては好奇心に満ちた道具である。大人より好奇心の強い子どもにとってはなおさらのことである。インターネットの魅力にはまり、道具に支配される「ネット依存」はあってはならない行為なのだが、インターネットの持つ魅力に魂を吸い取られると、結果としてネット依存に陥る。陥りやすいのはどのような場合かは、前記の〝ネット依存になった子どもと親の特徴〟を読んでいただければわかると思う。

日常の現実生活をいかに豊かにするか。学校でも、会社でも、もちろん家族関係においてもそうである。煩わしい人間関係のない匿名の仮想社会であるインターネットは確かに好奇心を満たしてくれる世界ではあるが、現実社会の方がもっと楽しいことを子どもに理解させるのは大人の義務でもあると思う。お互いに深い関わりを持たないというのはストレスに満ちた現代社会を生き抜く知恵の一つかもしれないが、大人たちのそのような姿を見て育った子どもは人間関係を上手く築くことができず、同じ趣味の人が匿名で集まるインターネットの仮想社会の方が気楽に過ごせるからネット依存になっていく。

【ネット依存の条件】

①不就学・不就労の状態で家にこもっている。
②一日十時間以上オンラインゲームやインターネットをやっている。
③朝起きてテレビやラジオ等よりも先にパソコンを立ち上げることが多い。
④外出の目的のほとんどは、パソコンやネットゲームの本や雑誌を見に行ったり、オンラインゲームの電子マネーをコンビニで購入したりするためである。
⑤会話の大部分はチャットやネットゲームのことが多い。
⑥勉強や学校・仕事や会社のことを話すと不機嫌になることが多い。
⑦家族と会話が少なくなり、意味もなく塞いだり、笑ったり、考えごとをしていることが多くなる。
⑧インターネットをやっている時は、家族が声をかけても返事しないことが多い。
⑨食事や睡眠時間が狂い始め、生活全体が不規則になっている。
⑩インターネットをやっていない時は、常に何かにせき立てられているかのようにあまり落ち着きが見られない。

このような条件が五つ以上あてはまれば要注意です。

七つ以上あてはまると、「ネット依存」と考えてもおかしくありません。

拙著『ネット依存の恐怖』（教育出版）

ネット依存になったら

①ネット依存になっていることを本人に伝える。

②インターネットの接続時間制限をする（一日三時間以内にする）。

③生活リズムを戻す（昼夜逆転の生活をやめさせる）。

④ウォーキングを一日一時間程度やる。

⑤家族での会話を多くする。

以上のことを受け入れなければ、ネットから離し就労させるために三ヶ月程度、若者自立塾（注）などの共同生活塾に入れる。三ヶ月程度ネットから完全に離れると、ネットの中の人間関係も自然と消滅していく。また、データもゲーム管理会社によって消去されることが多い。

家族の人から注意を受け、それでも自己規制ができなくなったら重症であるという認識が必要で、家族以外の第三者の介入や生活指導がないと、長期間立ち直れないことが非常に多い。

規制したり、やめさせたりするだけでなく、必ず、現実社会の人間関係に入っていけるようにする配慮が同時に必要である。やめさせる（関係を切る）父性原理と包み込む（包容する）母性原理の両方が必要である。この二つの原理がバランス良く働くと「ネット依存」から必ず脱出することができる。

事例　大輔（中学二年生・十四歳）

大輔が小さい頃から母親はパートで働いていた。近所に住んでいる小学生は少なかった。たとえいても、みんな習い事に行っているから、学校から帰ってくるとひとりぼっちになってしまう。母親が帰宅するまで、つまらないからテレビを見るかテレビゲームをやって時間を潰すしかなかった。一日二時間から三時間、テレビゲームをやることが日課のような毎日だった。

両親は物騒な世の中なので、いつでも連絡が取れる自宅に居てくれることが何よりも安心だった。四年生になると、ゲームのことはほとんど分かるようになって、皆から〝ゲーム博士〟と呼ばれるようになった。

その頃、家にＡＤＳＬが引かれ常時接続が可能になると、新しもの好きの父親はすぐに自

（注）厚生労働省が二〇〇五年からニート対策としてはじめた事業で、現在全国二十五ヵ所で実施されている。第一章12参照。

宅にインターネット環境を整えた。テレビゲームに飽きていた大輔にとって、インターネットの世界は未知の魅力に溢れていた。ゲームのことを検索し、新しい知識をどんどん仕入れていった。そして、いつの間にかネットゲームの虜になっていった。

テレビゲームのような一人遊びの孤独さはなく、ネットゲーム仲間は日を追うごとに増えていった。はじめて大輔は自分がひとりぼっちじゃないと自覚した。パソコンの電源を入れると、画面に仲間のキャラクターが登場し、ゲームのことを含め、チャットで自由に話すことができた。大輔は本当の友達がたくさんできたと感じうれしかった。

母親もインターネット通じ友達が出来たことを大輔に知らされ、そのことを喜んだ。だが、中学生になると部屋にこもってネットゲームをやる時間が次第に長くなっていき、深夜にまで及ぶようになっていった。母親が早く寝るように注意したが、思春期に入った大輔は聞く耳を持たず、言えば言うだけ反抗的な態度を示した。大輔が朝起きられなくなるまでには、それほど時間がかからなかった。

部屋にこもりネットゲームにのめり込み、中学一年の夏休み前には不登校になってしまった。お盆休みの時に、両親は大輔と話し合いを持ったが、大輔からは何の返事もなかった。彼は押し黙り、下を向いて唇を噛み締めていた。業を煮やした父親が、もし、夏休み明けから学校に行かないのだったら、パソコンを取り上げることを通告した。夏休みが明けても大輔は昼夜逆転の生活が続き、学校には行けなかった。

両親は約束通りパソコンを取り上げた。大輔は父親が仕事に行くのを見計らって、パートに行こうとする母親を捕まえて、言葉による家庭内暴力がはじまった。

「パソコンを返せ。返さなければ家具を壊す、お前を殴る。誰のせいで俺はこうなった。お前は知っているのか。父親の給料だけでは生活できないから、パートで働くといったって、自分の洋服や靴に消えるだけじゃないか。俺をほったらかしにして、学校から帰って来たら、危ないから外に出るな、家の中で遊べと言って、小さい俺にゲームソフトを買い与えてオシマイ。母親の役割をお前は果たしていない。責任を取れ！」

母親は返す言葉がなかった。父親に相談してみたが、「大人と子どもは立場が違う。子どもは大人に養われているんだから、つべこべ言う大輔がおかしい」と言う。その意見にも納得できずに母親は私（牟田）の元にカウンセリングに見えた。

「お母さん、私には大輔君の気持ちがよく分かります。お父さんの給与だけで生活できるかできないかは別の問題です。彼が寂しかったことは事実です。過去に時間を戻すことはできないけれども、小学生時代に寂しい思いをさせたことは事実ですから、その気持ちは受け止めてあげてください」

「受け止めるってどういうことですか」

「ネット依存に陥って生活リズムが乱れて、学校に行けなくなったことはいけないことです。しかしそれだけを責めても、問題解決にならないばかりか、親子関係がおかしくなってしまい問題がこじれていくだけになります。寂しかった思いを理解して、『大輔の気持ちがあの時、わからなくてごめんね。あなたの気持ちをもう少しわかってあげればよかった』と言ってあげてください」

「学校に行かない、ネットゲームにはまっている、家のことを手伝わない、親に反抗ばかりしていることなど、つい感情的になって責めていたのですけれど、そういうことだけではいけないのですね。親子の関係がどんどん悪くなっていったのはそのためだったのですね」

「そうですね。大輔君の行動面だけを責めても解決しません。大切なのは気持ちをわかってあげることです。気持ちをわかってあげると親子の関係が良くなります。関係が良くなると会話が自然に増えてきます。そうなると気持ちがさらに良くわかるようになります。ネット依存になるのはゲーム好きもありますが、背景には寂しさもあるのです。寂しさが埋め合わせできて、自分の気持ちをわかってもらえたと感じたら、家庭内暴力はしなくなります」

「でも、先生、パソコンを戻せと言われたらどうしたらよいのでしょうか」

「パソコンは自分の部屋でやらないで居間でやる、ネットゲームをやらないという二つの制限を付けて返して上げてください」

「あの子はきっと制限を付けても、無視してネットゲームをまたやり始めますよ。先生」

「自宅でやれないように規制しても、ネットカフェに行ってやる子もたくさんいます。長時間に渡ってプレーしますので費用も大変な金額になります。規制しても抜け道を子どもは考え、新たな問題が発生します。その度に親子の信頼関係は崩れていき、両親とは口をきかなくなります。ちょっとしたことで親が注意をすると、ひどい家庭内暴力が起こる事例の多いのが事実です。問題を真に解決していくためには、大輔君のネットゲームに対する自己規制力をどう高めていくかの問題です」

「小さい頃からテレビゲーム好きで、遊びといったらゲームしかやらなかった大輔に、どうしたら自己規制力が付くのでしょうか。教えてください。先生」

「自己規制力を身に付けさせる上では、心理と技術の両面の支援が大切です。それを支えるのが親子の信頼関係です。信頼関係は一方的な規制や命令、支配では築くことができません。先ほど言ったように、彼の寂しさや辛さをわかってあげる必要があります。そこをわかってあげられると関係はぐっと良くなるはずです。インターネットの仮想現実の世界から現実世界へ、親子の会話を通じて呼び戻していくことが大切です。親の意見やアドバイスを受け入れられるようになったら技術面です。今まで一日中ネットゲームをやっていた子どもに、家でゲームをやるなと指導したところで上手くいきません。もちろん、環境の違う場所、ネット依存の人の治療をおこなう合宿などの施設に入れば別ですが、家で強行しても効果はありません。ネットゲームをやっても構いません。問題はゲーム内容と時間です」

「ゲーム内容と言われても」

「ネット依存から脱出するためには、ゲーム内容には重要な意味があります。ネットゲーム依存になる原因は、チャットによってできる仲間の問題が大きいのです。ネットゲームの中の人間関係（キャラ関係）から、少し距離が取れるような自制心が働くような親子関係ができることが大切です」

親子の関係が良好になってからの会話を再現

母親「ネットゲーム楽しそうね。キャラクター同士の会話って面白いのね。『ん』からはじまる文なんて、お母さんはじめて見たわ」

子ども「文字も絵も、記号のようなものだよ。仲間同士だけで通じ合う会話が最高だよ」

母親「戦いで仲間同士の連帯、意外にそういう特別の世界もあるのね。いろいろな楽しみがあるから、ネットゲームにはまる人が多いのね」

子ども「まあ、奥が深いゲームというより、仮想現実の世界があると考える方が分りやすい。現実社会を離れて、その世界の住民になってしまった。こんなことをやっても生きていけないと、分かっていてもはまってしまう。やっぱり依存かな？」

母親「やめたいと思っているのにやめられないのは依存なのかもしれない。急にやめられないなら、無理してやめないで、ネットゲームはやるけれど仲間を組まないで一匹オオカミみたいにゲームを楽しめないの？」

子ども「もちろんできるよ。ゲームをやりはじめた最初の頃は、知り合いがいないから みんな一人で遊んでいたよ。でも、一人だけでは強い相手やモンスターは倒せないから仲間を作るんだ」

母親「大輔はレベルが高いから一人でも、十分に戦えるかもしれないね」

子ども「十分かどうかは分からないけれどやってみるか」

母親「挑戦よ！」

子ども「ネットゲームの楽しさはチャットができることなのだけれど、チャットが依存を呼ぶ。ネットゲームでテレビゲームのように一人遊びする。もしかしたら、ネット仲間がいなくなるから自分の時間が戻り、日常生活が規則正しくなるかもしれない」

母親「以前、専門家の先生の講演を聴いたことがあるけれど、ネット依存から抜け出るためには、ネットゲームで仲間を作らずにプレーして、次にテレビゲームのソフトのようなプログラムゲームをやって、ネット依存から抜け出すことができると話していたのを思い出したわ！」

子ども「突然止めると、ネットゲームの誘惑に苦しみ、自己規制できずに再びやりはじめて、リバウンドから以前よりひどいネット依存になることを掲示板で読んだことがある。そのやり方なら上手くやめられるかもしれない。やめるというより、ゲームの仮想現実をコントロールできるようになるかもしれない。やってみるよ！」

母親「お母さんも応援するわ！」

ネットゲーム依存からの脱出方法

①ネットゲームを子どもがやっていることを頭から否定せずに理解や共感を示して、親子の関係を良くする。

②ネットゲームの内容の話を含めて親子の会話を増やし、ゲームの仮想現実から離れる時間を多くする。

③ネットゲームに依存する原因（おもしろさ）について親子で考える。

④ネットゲームにはまる原因は、双方向性のゲームのため、チャットによる仲間関係の場合が多いので、仲間から離れ、単独で行動することを勧めてみる。

⑤同じゲームでもテレビゲームのようなプログラムゲームを勧めてみる。

⑥ゲーム時間を親子の話し合いで、次第に少なくしていき、その分、家族の会話や現実社会への参加の機会を増やすように誘導してみる。

⑦ゲーム内容の変化、ゲーム時間が少なくなっていったら、年齢に応じて評価をしてあげる（褒める）。

誰か指導者がいて、完全に生活環境を変えない限り、急にネットゲームをやめることは難しい。家でネット依存から抜け出す一番良い方法です。この方法で何十人かのネット依存の子どもや若者が抜け出ることができました。みなさんも是非、試してください。テーマは「仮想現実の世界から現実社会へ」です。現実社会の精神的な豊かさ、楽しさが実感できればよいのです。

情報化時代を生きる子育てにとって大切なことは

①メディア・リテラシー教育を受ける。
②人間関係力の豊かな現実社会を楽しめる能力をつける。
③自制心や自己規制力の強い子に育てる。(自分自身に厳しい子、忍耐力のある子)

これができればインターネットやコンピュータに使われる人間にならずに、それらを道具として使いこなすことができる人間になります。

おわりに

ネット環境が日本より進んでいるといわれる韓国では、ネット依存になり、その影響で学校や仕事に行けなくなる子どもや若者が激増している。

二〇〇五年十一月末に韓・日国際シンポジウムが開かれ、その席上で「韓国の青少年で百七十万人が危機に陥っている。この中で特に深刻な問題は本人が問題にぶつかるのではなく、家の中で生活し問題を避けようとするひきこもり、就学中断、インターネットゲーム中毒などの社会不適応青少年になっていることです。これらの回避型社会不適応青少年のうち、多くはニートやフリーターのような青年失業者になるので至急に解決方策が要求されています」と韓国の大統領直属の機関である青少年委員会の委員長、崔英姫氏は述べた。

そして、今年度、予算に一〇〇億ウォン（日本円で約一〇億円）の予算を計上した。資金は政府と民間（主にゲーム会社）が半分ずつ出すという。

このシンポジウムに日本側の代表で招かれた私は、ひきこもりは日本の方がもっと深刻であり、そして、ネットゲーム依存も徐々に深刻になっているのにもかかわらず、カウンセラーや相談員の多くがテレビゲームとネットゲームの区別がつかず、「そのうちあきるでしょう」と言われ、ほっておかれるということを言わざるを得なかった。学校の先生がそうであるように、公費のカウンセラーや相談員も同じく子どもの人生の一部にしかかかわろうとしないように私には感じられてならない。

そして、ひきこもりが長期化して、その中の大部分の子どもが若者になり、ニートになっていく。不登校からひきこもり、ニートになる図式が見えてきているのに、学校の先生やカウンセラーや相談員は社会的な枠を作り、その中で自分の仕事を変えないで生きようとする。本質的な意味では社会的ひきこもりの人と同じである。否、ひきこもりの人より、社会的立場があり仕事で社会とかかわるのだから、社会的な影響から考えれば、罪は非常に大きいのではないだろうか。

この問題を真剣に受け止め、青少年のために、行政の枠を超えて、本当に深刻になる前にかかわろうとしている韓国政府が羨ましい。

社会問題として、いち早くニート問題に行政の枠を超えて、取り組むイギリスのコネクションの就労支援のやり方も素晴らしいと思う。

学校教育は文部科学省、就労したら厚生労働省、子どもを就職させるまでは親の責任とする日本のやり方は、一昔前のものだ。外国から学ぶものが多い。

ニート対策のため、厚生労働省委託の富山県宇奈月温泉での「若者自立塾」の開設、日・EU国際セミナー、そして、韓・日国際シンポジウムと日本代表の一人として、講師として参加させて頂いために、原稿が大変遅れてしまったのにもかかわらず、辛抱強く待って頂いたオクムラ書店の方々には心から感謝している。

ひきこもりやニートの若者にとって、社会参加という明るい道が開かれる年であって欲しいことを切望しペンを置く。

牟田武生

著者略歴：牟田武生（むたたけお）
1947年生まれ
72年に民間教育施設「教育研究所」を設立
「子どもの側に立つ創造的な教育実践家」特に不登校の子どもの援助活動と若者の就労支援活動を行う
元NHKラジオ「こどもと教育電話相談」担当、文部省「不登校生徒追跡調査」研究員、現在教育研究所所長、不登校問題研究会幹事、富山県宇奈月若者自立塾主宰
著書『ひきこもり／不登校の処方箋』オクムラ書店
『すぐに解決！　こども緊急事態Q＆A』オクムラ書店
『ネット依存の恐怖』教育出版／韓国版・知恵文学社
『ニート・ひきこもりへの対応』教育出版
『ジャパンクール』三松株式会社出版事業部
監修『池上彰が聞く　僕たちが学校に行かなかった理由』オクムラ書店
編集協力（教育研究所）『総ガイド高校新入学・転編入』オクムラ書店
問い合わせ：NPO法人教育研究所
http://member.nifty.ne.jp/KYOKEN/
〒233-0013　横浜市港南区丸山台2-26-20
Tel 045-848-3761（代）　Fax 045-848-3742

2007年4月10日　初版第1刷発行

オンラインチルドレン
—ネット社会の若者たち—

著　者　牟田武生
編　者　オクムラ書店
発行者　佐藤民人

発行所　オクムラ書店
〒101-0061　東京都千代田区三崎町2-12-7
電話東京03（3263）9994
振替00180-5-149404

製版・印刷　㈱シナノ

ISBN　978－4－86053－049－5